DE LA CONSTRUCTION ET DE L'ORGANISATION

DES

ÉTABLISSEMENTS D'ALIÉNÉS,

Par Henri FALRET,

Docteur en Médecine de la Faculté de Paris.

> Une maison d'aliénés est un instrument de guérison ; entre les mains d'un médecin habile, c'est l'agent thérapeutique le plus puissant contre les maladies mentales.
>
> (Esquirol, *des Maladies mentales*, t. 2, p. 398.)
>
> La construction d'un asile d'aliénés doit être moins l'œuvre d'un architecte que la réalisation des principes de la médecine mentale.
>
> (Falret, *Visite à l'établissement d'aliénés d'Illenau*, p. 47.)

PARIS.

J.-B. BAILLIÈRE, LIBRAIRE DE L'ACADÉMIE DE MÉDECINE,

rue Hautefeuille, 19.

1852

Paris. — Imprimerie de Rignoux, rue Monsieur-le-Prince, [illegible].

DE LA CONSTRUCTION ET DE L'ORGANISATION

DES

ÉTABLISSEMENTS D'ALIÉNÉS,

Par Henri FALRET,

Docteur en Médecine de la Faculté de Paris.

Une maison d'aliénés est un instrument de guérison ; entre les mains d'un médecin habile, c'est l'agent thérapeutique le plus puissant contre les maladies mentales.

(Esquirol, *des Maladies mentales*, t. 2, p. 398.)

La construction d'un asile d'aliénés doit être moins l'œuvre d'un architecte que la réalisation des principes de la médecine mentale.

(Falret, *Visite à l'établissement d'aliénés d'Illenau*, p. 47.)

PARIS.

J.-B. BAILLIERE, LIBRAIRE DE L'ACADÉMIE DE MÉDECINE,

rue Hautefeuille, 19.

—

1852

PARIS. — RIGNOUX, IMPRIMEUR DE LA FACULTÉ DE MÉDECINE,
rue Monsieur-le Prince, 31.

A MON PÈRE,

J.-P. FALRET,

Médecin de la 1re Section des Aliénées à la Salpêtrière,
Membre de l'Académie nationale de Médecine,
Chevalier de la Légion d'Honneur, etc.,

ET

A MON FRÈRE,

JULES FALRET,

ancien Interne des Hôpitaux et Hospices civils de Paris.

A M. FÉLIX VOISIN,

Médecin des Aliénés à l'hospice de Bicêtre,
Chevalier de la Légion d'Honneur, etc.

DE LA CONSTRUCTION ET DE L'ORGANISATION

DES

ÉTABLISSEMENTS D'ALIÉNÉS.

INTRODUCTION.

Avant la création des établissements spéciaux, le sort des aliénés a subi de nombreuses vicissitudes. Considérés tour à tour, selon les mœurs du temps, comme des êtres privilégiés, exceptionnels, comme inspirés du ciel, comme possédés du démon, comme sorciers ou hérétiques, et même comme criminels, ils furent l'objet des plus ridicules superstitions et des plus cruels supplices. On les voit d'abord renfermés dans le sanctuaire des temples, souvent mêlés aux cérémonies religieuses, ensuite soumis aux exorcismes, aux tortures de la question, brûlés sur des bûchers, plus tard relégués dans les coins les plus obscurs et les plus malsains des couvents, des hôpitaux et même des prisons, chargés de chaînes, entassés les uns sur les autres, ou bien isolés dans des cages comme des bêtes féroces et exposés à la curiosité publique. D'autres fois, abandonnés à eux-mêmes, errants dans les villes et les campagnes, en proie au désordre de leurs idées et de leurs sentiments, ces malheureux troublaient le repos public, offensaient les bonnes mœurs, et étaient, selon la forme de leur délire, des objets d'effroi, de mépris, de risée ou de vénération ridicule pour leurs concitoyens.

Tel fut, pendant de longs siècles, le sort des aliénés, et si, de loin en loin, quelques tentatives en leur faveur consolèrent l'humanité, elles restèrent complétement infructueuses, même dans les pays qui avaient pris une si louable initiative. En Angletere, par exemple, on vit le couvent de Bethlem devenir un asile pour les aliénés dès 1553, et ce ne fut qu'au 18e siècle, en 1751, que s'éleva l'établissement de Saint-Luke, qui, destiné à recevoir les malades dont l'aliénation avait moins d'une année de date, fut le premier, et pendant longtemps, le seul témoignage d'une véritable pensée médicale à l'égard des aliénés. Plus tard les quakers, en 1792, en fondant l'asile de la Retraite, près d'York, pour leurs coreligionnaires, donnèrent un nouvel exemple de sollicitude en faveur des aliénés. La France manifesta à plusieurs reprises ses sympathies pour une si grande infortune : ainsi nous voyons, à une époque déjà éloignée, Lyon et Rouen se signaler par quelques améliorations; dans le nord de la France, nous distinguons la famille Bonfils, dont les membres se transmirent, pendant de longues années, l'honorable mission de soigner les aliénés; enfin, parmi les influences qui leur ont été favorables, nous devons rappeler les prédications de saint Vincent de Paul, et plus près de nous les écrits de Colombier et de Tenon. Toutefois c'est, selon nous, à la révolution française, qu'il convient de rapporter le mouvement général, dont nous sommes aujourd'hui les heureux témoins, pour le bien-être et le traitement des aliénés. Les principes de la Révolution, invoqués en faveur de ces infortunés, par le duc de La Rochefoucauld-Liancourt, dans son rapport à l'Assemblée constituante, furent glorieusement appliqués par l'illustre Pinel. En brisant les chaînes des aliénés, à l'hospice de Bicêtre, et quelques années après à la Salpêtrière, ce médecin philosophe donna une impulsion qui devait s'étendre non-seulement à la France, mais encore à toute l'Europe; c'est à lui que revient l'honneur d'avoir jeté les premières bases du traitement des aliénés et des établissements spéciaux, et d'avoir relevé la dignité de la nature humaine dans la personne de ces infortunés.

Cependant, l'application d'une aussi grande réforme aux asiles d'aliénés devait exiger encore de longues années, et présenter de nombreuses difficultés. Malgré les efforts de Reil, de Langermann et de Hayner, en Allemagne, d'Haslam et de Samuel Tuke, en Angleterre, de Chiaruggi et de Dacquin, en Italie, qui, chacun dans leur pays, se consacrèrent à cette œuvre philanthropique, les établissements ne s'améliorèrent que très-lentement, et leur nombre resta longtemps insuffisant. En France, Esquirol, après avoir voué sa vie entière à étendre aux départements le bienfait des nouvelles idées, ne put compléter son œuvre, et laissa à l'activité si intelligente de M. Ferrus, et au zèle des autres médecins spécialistes, la gloire d'en achever la réalisation.

Aujourd'hui, bien qu'il reste encore de nombreux progrès à effectuer, surtout dans les points éloignés des grands centres de population, la réforme des établissements d'aliénés peut être regardée comme à peu près accomplie. Les principes qui ont servi de base à cette réforme constituent, en quelque sorte, un corps de doctrine, qui, malgré des divergences de détail, est généralement admis par les aliénistes de France, d'Allemagne, d'Angleterre, etc. etc.

Je me propose, dans cette thèse, de résumer méthodiquement, sous une forme concise et presque dogmatique, cet ensemble d'idées communes, et d'exposer les diversités d'opinions des auteurs sur les questions de détail relatives à la construction et à l'organisation d établissements d'aliénés.

Dans un semblable travail, je ne puis avoir la prétention d'apporter des solutions nouvelles; je dois me borner à chercher, dans l'exposé comparatif des différentes opinions, quelques indications qui permettent de se décider entre elles, et d'y puiser les éléments de perfectionnement pour l'avenir.

Les auteurs, tant en France qu'à l'étranger, qui, jusqu'à ce jour, ont écrit sur les établissements d'aliénés, ont trop souvent envahi le domaine de l'architecture et de l'hygiène générale; il en est résulté que leurs ouvrages ont pris des proportions considérables, au détriment des questions spéciales qui auraient dû seules attirer leur attention. Pour éviter cet écueil, je m'efforcerai de rester rigoureusement fidèle à la spécialité de mon sujet, et je ne m'occuperai des asiles d'aliénés, que sous le rapport du traitement, de la sécurité et des mesures administratives spéciales, commandées par la nature même de la maladie.

Je diviserai mon travail en trois parties : la première comprendra les questions fondamentales, dont la solution préliminaire est indispensable, avant de construire un établissement; dans la seconde, je traiterai de la construction en général et des divers détails qui s'y rattachent; la troisième partie sera consacrée à l'organisation intérieure des établissements, et je terminerai par quelques réflexions sur ces asiles, considérés comme moyen de traitement des maladies mentales.

CHAPITRE IER.

QUESTIONS PRÉLIMINAIRES.

Avant de construire un établissement d'aliénés, il y a certaines questions indispensables à résoudre ; c'est de leur solution que doivent découler les règles qui présideront à sa fondation.

Ainsi, après avoir démontré la nécessité d'établissements spéciaux, il faut déterminer la situation et l'emplacement le plus favorable ; fixer le chiffre de la population, examiner, s'il convient de réunir les deux sexes ou de les séparer dans des asiles distincts, si l'on doit construire deux asiles différents pour les curables et les incurables, ou les réunir dans le même établissement ; si ces établissements doivent être ouverts à toutes les espèces, à toutes les formes, à tous les degrés de l'aliénation mentale, et à toutes les classes de la société ; enfin, d'après quels principes les malades doivent être séparés dans des quartiers distincts.

Ce n'est qu'après avoir résolu toutes ces questions fondamentales, que nous pourrons aborder la construction d'un établissement d'aliénés.

Les établissements d'aliénés sont-ils indispensables ? — Si l'on peut contester jusqu'à un certain point la nécessité des hôpitaux ordinaires, et désirer qu'un autre mode de la bienfaisance publique, les visites et les secours à domicile, puissent un jour les remplacer, il ne saurait en être de même pour les établissements d'aliénés. En effet, la sécurité de la société, le bien-être des familles, et le traitement des aliénés, exigent des établissements spéciaux, non-seulement pour les pauvres, mais encore pour les riches. « L'aliénation mentale, dit M. Parchappe, en tant qu'elle prive d'une manière permanente ceux qui en sont atteints de la raison et du libre usage de leurs facultés intellectuelles, entraîne chez ces malades l'impuissance de subvenir à leurs besoins, par le travail, l'irresponsabilité morale et légale de leurs actions, le défaut de sécurité et même le danger pour eux-mêmes, pour leur famille, pour la communauté dans laquelle ils vivent» (1). Comment laisser dans la société des malades qui peuvent être dangereux pour les autres et pour eux-mêmes? Comment conserver dans une famille un aliéné agité qui se laisse aller aux actes les plus violents; celui qui roule continuellement dans son esprit des idées de suicide, qui prend en défiance ou en antipathie ceux qui l'entourent des soins les plus empressés, celui qui est despote, capricieux, celui que son délire entraîne au désordre des mœurs, à l'abus des boissons, aux prodigalités ruineuses, et aux actes les plus extravagants; enfin celui qui peut exercer une influence fâcheuse sur quelques membres de sa famille?

D'un autre côté, au point de vue du traitement, il est indispensable de régler, autant que possible, les impressions extérieures des aliénés; d'adopter à leur égard une ligne de conduite ferme, persévérante, raisonnée, conforme aux données de l'expérience; enfin d'imprimer dans leur esprit le sentiment de la dépendance. Comment obtenir ces résultats au sein de la famille? Les malades ne trouvent-ils pas des points d'appui à leur délire dans l'impression des lieux et des personnes qui les entouraient avant leur maladie? Leurs parents, leurs serviteurs, alors qu'ils seraient suffisamment éclairés sur la conduite à tenir, ne sont-ils pas dans les plus mauvaises conditions pour exercer une autorité nécessaire? Sera-ce la femme qui commandera à son mari, le fils à son père, le serviteur à son maître? Ce renversement de pouvoirs ne serait propre qu'à faire naître de l'irritation chez l'aliéné, déjà plus disposé au com-

---

(1) Parchappe, *des Principes à suivre daus la fondation et la construction des asiles d'aliénés*, p. 5.

mandement qu'à la sujétion, et à le pousser à des actes violents; ensuite, il est impossible que les parents apportent dans leur concours un ensemble, une régularité, une suite, une persévérance, sans lesquels le succès du traitement sera manqué ou compromis; enfin, on ne possède dans les maisons particulières aucune des dispositions nécessaires pour empêcher un aliéné de se faire du mal ou de nuire aux autres, et on se trouve ainsi contraint d'employer, malgré soi, des restrictions très-fâcheuses, de tenir le malade fixé dans son lit, ou au moins renfermé dans sa chambre, et privé complétement d'un exercice qui lui serait si nécessaire!

Au moyen des établissements spéciaux, on assure la sécurité de la société, de la famille et du malade; on change le mode d'existence de l'aliéné, on l'éloigne des personnes, des lieux et des circonstances qui ont provoqué ou qui entretiennent le trouble de ses facultés affectives et intellectuelles; on substitue à des localités ordinaires des localités disposées d'une manière tout à fait spéciale; on enlève à l'esprit en désordre des points d'appui à son délire; on fait succéder une conduite ferme et douce à de molles condescendances qui tendent à perpétuer le délire, et les leçons de l'expérience à un aveugle empirisme.

Ainsi donc il est évident que les malades frappés d'aliénation mentale, quelles que soient la forme de leur délire et leur position sociale, ne peuvent rester dans leur famille, sous le triple point de vue de leur propre intérêt, de celui de leur famille et de la société; il est donc indispensable d'avoir des établissements où l'on puisse isoler ces malades, et qui réunissent aux avantages de la sûreté et du bien-être les chances de guérison.

Mais ne pourrait-on pas placer les aliénés dans des établissements mixtes, annexes des hôpitaux, et est-il nécessaire qu'ils soient dans des établissements tout à fait spéciaux? Les établissements spéciaux offrent plus de garanties pour la liberté individuelle; le bien-être des malades se trouve mieux assuré; il n'y a pas à craindre que les autres malades occupent le temps des serviteurs, des médecins et des administrateurs, au détriment des aliénés. Ensuite, le traitement des affections mentales exige des conditions d'étendue, de distribution, de classement et de direction administrative et médicale, incompatibles avec celles des établissements ordinaires.

QUELLE DOIT ÊTRE LA SITUATION D'UN ÉTABLISSEMENT D'ALIÉNÉS ? — Il est trop difficile de trouver dans l'intérieur d'une ville le calme, la tranquillité et l'espace nécessaires pour la promenade et les travaux en plein air, à l'abri des regards indiscrets; les rapports des malades avec le monde extérieur, presque impossibles à éviter, augmentent leur désir de liberté, affaiblissent l'autorité du médecin, et compromettent le secret des familles; les voisins sont importunés par le bruit ou la vue des aliénés agités ou turbulents; les serviteurs y trouvent de trop nombreuses distractions et trop de facilité pour la rapine; enfin la cherté des terrains, des constructions et des denrées, augmente considérablement les dépenses de fondation et d'administration. Ces inconvénients si graves, qui font disparaître en partie les avantages de l'isolement, et qui portent une atteinte profonde à l'ordre de l'établissement, au traitement des aliénés et à l'autorité du médecin, doivent empêcher de placer un établissement d'aliénés dans l'intérieur d'une ville.

C'est donc à la campagne qu'il devra être situé; mais sera-ce, comme le veulent certains auteurs, dans un lieu écarté, privé de toute communication ? Non certainement; il faut, dans le choix d'un emplacement, éviter à la fois les endroits trop déserts et les centres de population. Ce n'est donc que de la proximité d'une ville qu'on peut tirer tous les avantages désirables : à la ville dont il est voisin, l'asile puise et renouvelle aisément tout ce qui lui est nécessaire sous le rapport du matériel et des approvisionnements; dans une grande ville surtout, on a des ressources infinies; on peut trouver les médecins les plus distingués, les employés les plus intelligents, les relations sociales et scientifiques indispensables à des esprits cultivés, et enfin des distractions et des amusements de toute espèce. Aussi est-ce dans le voisinage d'une grande ville que nous engagerons à fonder de préférence un établissement d'aliénés; cependant ce voisinage ne doit pas être trop rapproché, et l'asile doit être d'autant plus éloigné que la ville est plus considérable; il faut avoir soin de se prémunir contre le développement que peut acquérir la ville voisine, contre la possibilité de l'élévation de certaines maisons, de manière à assurer à l'établissement un isolement convenable non-seulement dans le présent, mais encore dans l'avenir; on doit tenir compte des moyens de communication, car il n'est pas nécessaire d'être aussi rapproché d'une ville quand on a pour s'y rendre des moyens de transport fréquents et rapides, tels que des chemins de fer.

L'emplacement doit réunir à toutes les conditions hygiéniques l'agrément et la diversité des sites, la fertilité du terrain; il doit être pourvu de sources abondantes, mais éloigné des grands cours d'eau, qui pourraient devenir des causes d'accidents ou des occasions de suicide.

On doit surtout éviter de construire un établissement sur une montagne; le terrain est trop sec, trop inaccessible, trop exposé aux regards du public; les dépenses sont trop grandes pour l'administration, et il peut en résulter des dangers très-graves sous le rapport de l'évasion et du suicide. Jacobi (1) cite l'asile de Siegbourg comme un exemple des inconvénients inhérents à la situation sur une montagne.

Une plaine présente trop d'uniformité et ne captive pas assez l'esprit et le cœur. Les sources d'eau vive, si agréables à la vue, sont indispensables pour les bains, l'arrosage des jardins, et la propreté de l'établissement. La fertilité du terrain est nécessaire pour que les travaux des champs puissent offrir quelque intérêt, et que les aliénés trouvent dans la récolte une récompense facile à leur labeur.

L'aspect d'une belle nature excite dans l'âme une émotion salu-

(1) *Ueber die Anlegung und Einrichtung von Irrenheilanstalten*, p. 219.

taire; elle repose l'esprit en l'enlevant aux préoccupations; l'âme subit à son insu l'influence de tout ce qui l'entoure, et la beauté des sites contribue puissamment à ramener le calme et la raison dans un esprit égaré.

Doit-on admettre les deux sexes dans le même établissement? — La réunion des deux sexes dans le même asile présente certains avantages. Elle permet de suffire à presque tous les besoins de l'établissement, au moyen de ses habitants, sans secours étrangers; elle donne la possibilité d'établir quelques rapports de société entre des malades de l'un et l'autre sexe, qui peuvent réagir ainsi utilement les uns sur les autres; elle est utile à la science en fournissant aux médecins des éléments d'études plus complètes et moins exclusives; enfin elle réalise une grande économie en réunissant deux établissements en un seul. Tels sont les motifs qui ont déterminé Ellis (1), Samuel Tuke (2), le Dr Corsellis (3), Roller (4), la commission de Belgique (5) et le Dr Girard (6), à se prononcer en faveur de la réunion des deux sexes dans un même établissement; cependant des médecins fort distingués, tels que MM. Ferrus et Jacobi et M. Parchappe, ont élevé contre cette réunion des objections de différente nature.

D'après MM. Ferrus (7) et Jacobi (8), quand un établissement est destiné à recevoir les deux sexes, la difficulté d'approprier les con-

---

(1) *On insanity*, p. 213.

(2) *Introduction à Jacobi*, p. 12.

(3) *Int. à Jacobi.*

(4) *Die Irrenanstalt*, p. 73.

(5) *Rapport*, p. 11.

(6) *Annales d'hygiène publique*, nº 79; *de la Construction et de la direction des asiles d'aliénés*, p. 19.

(7) *Des Aliénés*, p. 204, 205

(8) Ouvrage cité, p. 25.

structions et les distributions au but que l'on doit se proposer, est considérablement augmentée, d'abord en raison de la nécessité première d'assurer la séparation des deux sexes dans le même établissement, et ensuite en raison de l'obligation très-importante de déterminer deux places convenables pour les agités dans un même système de constructions ; on est obligé de doubler tout ce qui se rapporte aux dépendances destinées à un usage commun, tels que les bains, les appareils de traitement, les jardins, où il n'est possible d'en attribuer l'usage aux deux sexes qu'avec une foule de restrictions : il est presque impossible d'éviter toute communication entre les malades des deux sexes, et, dans tous les cas, la crainte de ce contact oblige à limiter davantage la liberté des aliénés ; enfin la présence d'un grand nombre d'employés des deux sexes fait naître des intrigues de toute espèce, et est, pour l'établissement, une source permanente de préjudices graves.

A ces objections, M. Parchappe (1) ajoute les suivantes : « 1° Un asile unitaire, dit-il, doit nécessairement se constituer de deux moitiés semblables, contenant un nombre égal de places de malades ; or, le nombre des hommes et des femmes n'étant pas égal dans une circonscription territoriale donnée, et variant d'une circonscription à une autre, par la réunion des deux sexes dans un même établissement, on se crée une difficulté capitale qui ne peut être levée d'une manière générale qu'en admettant le défaut de symétrie dans les constructions ; 2° à la condition même de l'égalité de nombre entre les hommes et les femmes, les besoins des deux sexes n'étant pas les mêmes, en les réunissant dans un même établissement, la donnée de similitude absolue dans les constructions devient une servitude fâcheuse, et on s'impose la nécessité de ne donner à chacun des éléments constituants d'un asile qu'une valeur inférieure à celle qui pourrait être obtenue par la séparation absolue de ces éléments. »

(1) Ouvrage cité, p. 25 et 26.

L'expérience nous semble avoir démontré que les difficultés de construction, signalées par MM. Ferrus et Jacobi, sont susceptibles d'être résolues d'une manière satisfaisante, et que les dangers qu'ils redoutent peuvent être, sinon complétement évités, au moins considérablement diminués par une bonne organisation. D'ailleurs, en faisant leurs plans d'établissements pour les deux sexes, ces deux médecins distingués ont donné contre leur théorie un argument bien puissant.

Nous répondrons à M. Parchappe qu'une inégalité considérable entre le nombre des hommes et des femmes aliénés est tout à fait exceptionnelle ; et les différentes divisions d'un établissement peuvent très-bien se prêter aux oscillations peu considérables et ordinairement temporaires auxquelles peut être sujet le nombre relatif des hommes et des femmes.

Les conditions diverses d'un asile pour les hommes et pour les femmes, susceptibles de se traduire en modifications dans les constructions, ne sont ni assez nombreuses, ni assez importantes, pour motiver des différences essentielles, et on peut très-bien y satisfaire sans troubler la symétrie générale. En admettant d'ailleurs que chacun des éléments d'un asile commun aux deux sexes n'ait pas le même degré de perfection que s'ils étaient absolument séparés, la différence sera bien minime, et cet inconvénient sera largement compensé par les avantages que nous avons signalés précédemment.

Nous ferons remarquer d'ailleurs que MM. Ferrus, Jacobi et Parchappe, en donnant la préférence *en théorie* aux asiles distincts pour les deux sexes, reconnaissent qu'*en pratique* on est souvent obligé de les réunir dans un même établissement, et que cette réunion peut même être quelquefois désirable.

Quant à nous, nous nous prononçons d'une manière générale pour la réunion des deux sexes dans un même établissement, parce que, indépendamment des avantages que nous avons énumérés précédemment, nous voyons dans la création d'un établissement différent pour chaque sexe l'immense inconvénient d'être obligé d'étendre la circonscription de chacun d'eux pour arriver à un chiffre de population convenable. Cependant nous admettrons, comme exception, cette séparation dans deux circonstances : 1° lorsque le nombre des aliénés hommes et femmes d'un département dépassera 350 ; 2° lorsque la différence entre le nombre des aliénés des deux sexes dans une circonscription sera très-considérable.

QUEL DOIT ÊTRE LE NOMBRE DES MALADES DANS UN ÉTABLISSEMENT? — La plupart des auteurs sont d'accord pour fixer à 100 ou 200 comme minimum, à 400 ou même 500 comme maximum, le nombre des malades que l'on doit admettre dans un établissement ; tous reconnaissent qu'au-dessous de ce minimum, les inconvénients sont trop grands, au point de vue économique, et au-dessus de ce maximum, au point de vue de l'unité de direction administrative et médicale. Seulement certains d'entre eux, comme Esquirol (1), Roller (2), Conolly (3), Ferrus (4), Parchappe (5), Girard (6), donnent la préférence aux établissements de 350 à 500 malades, c'est-à-dire aux grands établissements ; tandis que d'autres auteurs, en plus petit nombre, parmi lesquels Joseph Frank (7), Heinroth (8), préoccupés surtout du but médical, sont partisans des petits établissements.

Il faut d'ailleurs ajouter que l'admission des curables et des incurables dans le même asile influe nécessairement sur l'opinion de chacun de ces auteurs, et que la plupart d'entre eux élèvent leur maxi-

---

(1) *Des Maladies mentales*, t. 2, p. 428.

(2) Ouvr. cité, p. 21 et suiv.

(3) *On the construction and government of lunatic asylums*, p. 10.

(4) Ouvr. cité, p. 206.

(5) Ouvr. cité, p. 44.

(6) Ouvrage cité, p. 16.

(7) *Reise nach Paris*, etc., t. 1, p. 256.

(8) *Beilagen zu Georget*, p. 410.

mum pour les asiles destinés à recevoir ces deux classes de malades et l'abaissent pour ceux qui ne doivent recevoir que des curables.

Les avantages des grands établissements sont très-nombreux ; ils coûtent moins cher de fondation et d'entretien : de fondation, car il suffit de construire une fois tous les services généraux qu'il faudrait construire en double pour deux petits établissements, et de faire plus grande chacune des divisions qui devrait également être doublée ; d'entretien, car le matériel, comme les bâtiments, est simple, au lieu d'être double, et le personnel est loin d'augmenter en proportion directe du chiffre de la population ; l'établissement peut se suffire à lui-même par ses propres ressources ; il peut posséder, sous le rapport du matériel et du personnel, tout ce qui est utile ou agréable aux malades, parce que l'étendue des sacrifices est justifiée par le nombre de ceux auxquels ils profitent. On peut, par la même raison, établir des subdivisions convenables sans avoir à craindre, comme dans les petits établissements, d'en laisser souvent d'inoccupées. La présence d'un assez grand nombre de malades appartenant à chaque corps d'état permet de les occuper aux travaux les plus variés. La multitude des gardiens, qui pourrait devenir une cause de désordre, si l'établissement était mal dirigé, permet de les employer chacun suivant leurs aptitudes, d'agrandir le cadre des anciens serviteurs pouvant servir de modèles aux nouveaux venus, et enfin de disposer en certaines circonstances d'une force imposante pour la répression. La réunion de plusieurs médecins assure la permanence de la surveillance médicale et est favorable aux progrès de la science ; l'importance de l'asile, en permettant de les rémunérer plus largement lui assure le concours de médecins plus capables ; en dernier lieu, un grand établissement, par suite de son importance vis-à-vis du gouvernemant et du public, est plus exactement contrôlé.

Cependant on a objecté que la trop grande quantité de malades en fait négliger un certain nombre, que la présence de plusieurs médecins éveille des jalousies et des querelles, que le grand nombre d'employés est une cause de désordre; enfin qu'un directeur médecin, quelque habile qu'il soit, ne peut suffire à tant d'occupations et maintenir l'unité désirable au milieu de tant d'éléments divers. A cela nous répondons que ces inconvénients, réels lorsqu'on dépasse une certaine limite, ne sont cependant pas aussi graves qu'on le prétend jusqu'au maximum fixé précédemment; en effet, dans un établissement bien ordonné, un très-petit nombre de curables réclament une attention spéciale. Les médecins sont tout à fait indépendants dans leur service et n'ont aucuns rapports médicaux entre eux. Les employés sont soumis à une discipline sévère et à une forte hiérarchie. Le directeur a, pour le seconder, les employés nécessaires, et d'ailleurs ses occupations n'augmentent pas progressivement avec le nombre des malades. Pour remédier à tous ces inconvénients attribués aux grands asiles, il suffit donc de déterminer convenablement et de subordonner hiérarchiquement les attributions et les fonctions. Cependant il est certain qu'au delà de 350 à 400 malades, ces inconvénients augmentent beaucoup et sont très-difficiles à éviter; c'est ce que l'on peut constater, par exemple, à Hanwell, qui contient actuellement près de mille malades.

Ainsi « unité de pensée, d'intérêt, de pouvoir et d'action, facilité de surveillance, possibilité de créer des positions honorables et convenablement rétribuées aux hommes qui se dévouent au traitement des aliénés, de classer avantageusement les malades, d'étudier tous leurs besoins, de les satisfaire et de répondre aux vœux de l'économie »: tels sont, selon le Dr Girard (1), les avantages des établissements de 350 à 400 malades.

Mais un motif grave invoqué contre les grands établissements et qui, à lui seul, peut être, dans certains cas, assez puissant pour faire pencher la balance en faveur des petits établissements, c'est la né-

(1) Ouvr. cité, p. 14.

cessité d'y amener les malades de très-loin. Éloigner ainsi les aliénés de leur localité, c'est les mettre hors du droit commun et les traiter autrement que les autres malades qui sont soignés par les administrations locales, et ainsi perpétuer les préjugés sur les maladies mentales ; c'est nuire à l'esprit de famille en aggravant la peine des bons parents et en fournissant aux mauvais parents un motif plausible pour abandonner leurs malades ; enfin c'est nuire à la guérison des aliénés en retardant l'isolement que tout devrait tendre à favoriser, et en privant le médecin, d'une part, des renseignements que lui fournissent les familles, d'autre part, du parti qu'il pourrait tirer de la présence des parents pour le traitement moral. Dans les pays très-peuplés et qui renferment beaucoup d'aliénés, le rayon de l'établissement est peu étendu et par conséquent ces inconvénients sont moins grands; mais on comprend que, dans des conditions inverses, l'éloignement des malades peut être tel, qu'il doit être pris en grande considération.

En résumé, tout en reconnaissant les avantages des grands établissements de 400 malades, et en leur donnant la préférence d'une manière générale, à condition toutefois d'y réunir les deux sexes ainsi que les curables et les incurables, nous pensons qu'il ne faut pas, pour arriver à ce chiffre, donner une trop grande étendue à la circonscription territoriale, et que dans les pays peu peuplés, on ne doit pas hésiter à créer des établissements pour 300 et même pour 200 aliénés.

Doit-on admettre dans un même asile les différentes classes de la société ? — Les raisons invoquées en faveur de la réunion des malades des différentes classes dans les mêmes asiles peuvent se résumer ainsi :

1° On ne sait sur quel principe se baser pour les séparer : sera-ce sur la fortune, sur l'éducation ou sur l'instruction ? Mais quelquefois les riches sont sans éducation et sans instruction, et ceux qui ont de l'éducation et de l'instruction sont privés de ressources pécuniaires.

2° Les aliénés appartenant à la classe supérieure de la société sont indisciplinés, difficiles à diriger ; l'exemple des malades de la classe inférieure, qui sont plus dociles, peut servir puissamment à entraîner ceux de la haute classe.

3° Les hommes sont appelés dans le monde à vivre les uns avec les autres ; rien n'empêche chaque classe de se rapprocher, de se relier entre elles.

Voici comment M. le Dr Girard (1) réfute ces divers motifs : « S'il est vrai, dit ce médecin, que la fortune ne donne pas ces habitudes et ces manières qui appartiennent à une catégorie de la société, il est également vrai qu'elle les accompagne fréquemment, et qu'ordinairement l'homme pauvre qui a été bien élevé, se trouve entouré de parents aisés qui font des sacrifices pour lui éviter un séjour en désaccord avec ses habitudes.

« Il est incontestable que la classe inférieure est assez facile à dominer, à diriger, à discipliner, et que l'imitation peut entraîner comme un torrent les aliénés de la classe supérieure dans les habitudes calmes, laborieuses et réglées, qui distinguent les premiers dans un asile bien tenu; mais il est aussi vrai que la classe riche se montre ordinairement réfractaire à ces exigences, qu'elle prétexte une répugnance de communauté de vie avec des aliénés qu'elle considère plutôt comme des domestiques que comme des commensaux, et il en coûte au médecin de les lui imposer, parce qu'il comprend qu'en froissant les susceptibilités, il augmente l'irritation, au lieu de la calmer ; la contagion du mauvais exemple gagne la classe inférieure, et le désordre, les disputes, la violence, tendent à s'introduire dans l'asile et nuisent essentiellement au succès du traitement.

---

(1) Ouvr. cité, p. 8, 9 et 10.

« Si la force de la loi, la puissance de la raison, la religion elle-même, cette suprême loi, ont si peu de prise pour maintenir le calme dans le monde, il faut éloigner tout ce qui peut le troubler dans un asile d'aliénés. »

MM. Ferrus (1) et Conolly (2) se prononcent très-fortement contre la réunion des différentes classes dans un asile d'aliénés.

M. Parchappe (3) prend un terme moyen; il reconnaît « qu'un pensionnat, approprié aux besoins des classes riches, ne peut entrer dans le système d'un asile public, sans entraîner la nécessité de sacrifier quelque élément utile ou indispensable de l'asile, et sans être lui-même, à certains égards, sacrifié; » mais il veut « que l'on admette dans les asiles publics les classes moyennes, à condition toutefois que le pensionnat pour les classes aisées ne soit considéré que comme un élément accessoire et subordonné. »

Pour nous, nous pensons que la présence de malades payants dans un établissement destiné aux pauvres est une grande complication pour sa fondation et son administration, au point de vue du bien-être de ces deux ordres de malades et des devoirs qui résultent pour l'administration de la pension qu'elle reçoit.

Confondre ces deux classes dans les mêmes divisions, en ne tenant compte que de leur état mental, ce serait, d'un côté, faire une chose pénible pour les malades bien élevés, qui souffriraient de vivre avec des personnes sans éducation; et, d'un autre côté, ce serait commettre une injustice envers eux, si on ne leur accordait pas les avantages auxquels ils ont droit par la pension qu'ils payent; et si on les leur accordait, en présence des malades de la classe inférieure auxquels on les refuserait, ce serait mal agir envers ces derniers et provoquer chez eux une jalousie de tous les instants.

---

(1) Ouvr. cité, p. 204, 205.

(2) Ouvr. cité, p. 44.

(3) Ouvr. cité, p. 17 et 18.

Il faut donc séparer complétement, dans les asiles, les malades payants des indigents, sous peine d'être pénible aux uns et aux autres, et d'être injuste envers les pensionnaires; mais alors il faudrait faire autant de divisions parmi les riches que parmi les pauvres; or c'est ce qu'on ne fait jamais; et, dans les établissements les mieux tenus, les agités payants sont confondus avec les agités pauvres, et dans quelques-uns même avec les tranquilles indigents. En effet, les subdivisions de l'asile deviendraient trop nombreuses, et il n'y aurait pas assez de pensionnaires pour remplir chacune d'elles; aussi peut-on dire, d'une manière générale, qu'au point de vue médical, les riches sont moins bien traités dans les asiles publics que les pauvres.

Doit-on réunir les curables et les incurables dans le même établissement? — Après l'impulsion donnée par Pinel en faveur des aliénés au commencement de ce siècle, les asiles devinrent bientôt tout à fait insuffisants, et il fallut songer à en créer de nouveaux qui fussent plus en rapport avec les exigences de la médecine et de l'administration. C'est alors que naquit cette pensée qui semble si naturelle au premier abord, de commencer par s'occuper des malades susceptibles de guérison, et de créer pour eux seuls de nouveaux asiles tout à fait en rapport avec les progrès de la science. Cette séparation, commandée par les circonstances, fut un progrès marqué sur l'état antérieur, en faisant cesser le pêle-mêle des aliénés, et en contribuant puissamment à détruire le préjugé d'incurabilité; mais du rang de nécessité accidentelle on érigea plus tard cette séparation en système.

En France, cette doctrine, quoique soutenue par Esquirol (1), n'a pas trouvé d'application réelle; et si, à la Salpêtrière, on a placé les

(1) *Maladies mentales*, t. 2, p. 404, 405.

curables et les incurables dans des sections différentes, c'est plutôt par suite d'une mesure administrative que d'une idée médicale. En Angleterre, il n'y a que deux asiles, Bedlam et S.-Luke, exclusivement consacrés aux curables ; cependant les commissaires métropolitains (1) se sont prononcés, dans leur rapport, en faveur de la séparation de ces deux classes de malades; mais c'est surtout en Allemagne que la séparation absolue, dans des asiles distincts, a été appliquée et élevée au rang de doctrine scientifique. Reil et Langermann s'en firent les plus ardents défenseurs, et parvinrent à obtenir des différents gouvernements de la confédération germanique plusieurs établissements uniquement réservés aux curables ; c'est ainsi que l'on vit s'élever Sonnenstein en 1812, Siegbourg en 1825, et Winnenthal en 1833. En consacrant sa vie toute de dévouement au perfectionnement des asiles d'incurables, et en obtenant des résultats vraiment remarquables, Hayner ajouta une nouvelle force au système de la séparation.

Les motifs qui ont entraîné ces médecins sont de deux sortes, motifs administratifs et motifs médicaux.

1° *Motifs administratifs.* — Le traitement de l'aliénation mentale exigeant des conditions spéciales très-coûteuses, il est juste de réunir toutes ces conditions favorables dans les asiles destinés aux curables ; mais il serait superflu de faire les mêmes dépenses pour les incurables.

2° *Motifs médicaux.* — Un asile de traitement et un asile de refuge ayant deux buts distincts, ces deux buts ne peuvent être obtenus par les mêmes moyens ; ils doivent donc être tout à fait différents, sous le rapport de la construction, du personnel et de l'organisation. Réunir les curables et les incurables dans le même

(1) *Report of metropolitan commissioners in lunacy*, p. 92, 1844.

asile, ce serait rétrograder jusqu'à l'époque où tous les aliénés étaient confondus pêle-mêle sans distinction, et nuire au traitement, en dispersant sur des incurables l'attention du médecin qui devrait se concentrer toute entière sur les malades susceptibles de guérison. Enfin, la vue des incurables produit sur les curables une impression pénible et même nuisible.

Ces raisons, qui ont entraîné pendant longtemps la conviction des médecins spécialistes les plus distingués, ont été vivement combattues dans ces derniers temps par le Dr Damerow, médecin du bel asile de Halle, en Prusse, dans un ouvrage intitulé : *Ueber die relative Verbindung der Irren Heil und Pflege Anstalten*, Leipzig, 1840.

En ajoutant à ses propres arguments ceux qui avaient été donnés quelques années auparavant par d'autres médecins, et en particulier par Flemming (1) et Roller (2), il a porté un coup mortel à la séparation des curables et des incurables dans des asiles distincts.

Les inconvénients signalés par Damerow peuvent se diviser en deux classes, les uns résultant du fait de l'éloignement des deux asiles, les autres résultant de la distinction même établie entre ces deux ordres de maladies.

A. Les inconvénients résultant de la séparation des curables et des incurables dans des asiles distincts sont :

1° Le retard indéfini de l'isolement, et partant de la guérison, par suite des formalités nécessaires avant de décider auquel des deux asiles doit être envoyé l'aliéné ; aussi, dans certains pays, a-t-on voulu remédier à cet inconvénient, en faisant passer tous les nouveaux venus par l'asile des curables, mais on nuit par cette mesure à la rigueur de la séparation, et l'asile des curables se trouve bientôt contenir beaucoup d'incurables.

---

(1) *Zeitschrift von Jacobi und Nasse*, p. 722.

(2) *Grundsætze*, etc., p. 93 et suiv.

2° Le séjour prolongé des incurables dans l'asile de traitement par suite des obstacles que présente le transfert.

3° La difficulté, pour ne pas dire l'impossibilité de réparer une erreur de diagnostic et de renvoyer le malade à l'asile de traitement.

4° L'augmentation inévitable des frais de construction et d'entretien, par la nécessité de doubler les services administratifs et médicaux.

B. Les inconvénients résultant du fait même de la distinction des malades en curables et incurables sont :

1° L'impossibilité pour le médecin, dans l'état actuel de la science, de prononcer avec certitude; les nombreuses erreurs qu'il doit nécessairement commettre faussent le but de l'institution en encombrant d'incurables l'asile des curables, ou bien privent des malades encore susceptibles de guérison des conditions plus favorables de l'asile de traitement.

2° La peine que les malades en éprouvent, car la plupart sont loin d'être insensibles à ce changement.

3° La peine des bons parents auxquels l'envoi aux incurables ne laisse plus aucun espoir, et l'encouragement donné aux mauvais parents, qui sont bien aises de se trouver ainsi débarrassés de toute espèce de soins à leur égard.

4° L'obstacle aux progrès de la science, en ne permettant à certains médecins d'observer que les périodes aiguës, et à d'autres de ne voir que les dernières périodes, et de faire seuls les autopsies, sans pouvoir les éclairer par la connaissance des faits antérieurs.

5° Le rôle par trop ingrat des médecins des asiles d'incurables, qui ne peuvent avoir pour récompense à leurs peines l'espoir d'une guérison.

Après avoir combattu d'une manière si victorieuse la séparation des curables et des incurables dans des asiles distincts, Damerow s'arrête à moitié chemin, et au lieu de repousser toute séparation, il se prononce en faveur de ce qu'il appelle la *réunion relative*, c'est-à-dire la séparation des curables et des incurables *dans le même asile,* sous une même direction et avec des services généraux communs. Ce système mixte, qui a trouvé une si grande faveur en Allemagne, est appliqué dans la plupart des nouveaux établissements, parmi lesquels nous citerons les asiles d'Illenau, de Prague et de Halle.

La séparation relative n'a certainement pas tous les inconvénients de la séparation absolue; ainsi, elle remédie à ceux de la première classe résultant de l'éloignement ; les deux asiles étant réunis, il n'y a plus de retard dans l'envoi des malades; la facilité très-grande du transfert empêche le séjour prolongé des incurables parmi les curables, et permet de réparer promptement une erreur de diagnostic ; enfin, les dépenses sont diminuées, puisqu'il n'y a qu'une seule administration et des services généraux uniques. Mais les inconvénients de la deuxième classe n'existent-ils pas encore dans la séparation relative ? Sans doute le rapprochement des deux asiles atténue quelques-uns des inconvénients; mais peut-on dire que ceux qui tiennent à l'essence même de la séparation soient complétement effacés par le seul fait de la juxta-position des asiles, alors qu'ils continuent à être tout à fait distincts quoique rapprochés ? N'y a-t-il pas pour le médecin la même difficulté à prononcer l'incurabilité, le même danger pour l'institution par suite du séjour d'un grand nombre d'incurables dans l'asile de traitement, les mêmes inconvénients pour les malades victimes d'erreurs de diagnostic? Et s'il est plus facile de réparer une erreur à cause de la proximité, croit-on que le médecin qui l'a commise soit bien propre à la rectifier ? Enfin, la peine que produit chez les malades et leurs parents le jugement d'incurabilité n'existe-t-elle pas toujours ?

La séparation *relative*, quoique bien préférable à la séparation *absolue*, conserve donc plusieurs des inconvénients de cette dernière. Pourquoi alors ne pas renoncer complétement à la séparation des curables et des incurables ? Les prétendus avantages administratifs et médicaux que nous avons signalés en commençant, et qui ont entraîné les médecins allemands au point de leur faire préférer même la séparation absolue à la réunion des curables et des incurables, nous semblent plus apparents que réels, et nous ne croyons pas que l'on doive leur faire tant de sacrifices.

Quel avantage économique y a-t-il dans la séparation des curables et des incurables, à moins que l'on ne suppose que les incurables ne soient complétement négligés, et qu'on ne fasse pas pour eux ce que l'humanité réclame? En quoi diffèrent les divisions des curables et des incurables, dans les établissements d'Illenau, de Halle, et de Prague? N'ont-elles pas coûté aussi cher de construction? Le nombre des sections n'est-il pas le même? et ne sont-ce pas deux établissements identiques accolés l'un à l'autre? En doublant ainsi le nombre des divisions, on a considérablement augmenté le prix total de l'établissement. Les incurables ne doivent-ils pas travailler soit pour occuper leur temps, soit pour en retirer quelques bénéfices? N'ont-ils pas besoin de gardiens pour les surveiller? d'un médecin pour soigner leurs maladies accidentelles, ou pour régler leur régime et leur conduite?

Aujourd'hui donc les conditions d'un bon asile de refuge diffèrent si peu de celles d'un asile de traitement, que les économies qui peuvent résulter de leur différence sont tout à fait illusoires; et loin d'atteindre le but économique que l'on se propose, par la séparation absolue ou relative des curables et des incurables, on augmente les dépenses de fondation.

Les avantages médicaux que l'on a fait valoir sont tout aussi illusoires. Quelle fâcheuse influence la vue et la présence des incurables peut-elle avoir sur les curables? Si cette influence existe, la séparation absolue ou relative n'y remédie que bien imparfaitement, puisqu'il est reconnu que dans les asiles de traitement les plus actifs, on a à peine 20 ou 30 malades curables sur 100. Du reste, nous admettons que dans un établissement bien ordonné, les épileptiques doivent avoir une division à part, que les idiots et quelques malades tout à fait dégradés d'esprit ou de corps, malpropres, incommodes, qui présentent certaines conditions nuisibles, ou pénibles pour les autres malades, doivent être soigneusement séparés des autres aliénés; mais alors nous les séparons comme agités, comme malpropres, comme incommodes, et non comme incurables. Nous n'admettons pas qu'un malade, parce qu'il est incurable, puisse avoir aucune influence fâcheuse sur les curables; il peut être, au contraire, beaucoup plus calme, beaucoup plus convenable, beaucoup plus propre qu'eux, et, loin de leur être nuisible, il peut exercer une heureuse influence par les habitudes d'ordre, de régularité, de travail et d'obéissance, qu'il a contractées dans un plus long séjour à l'asile, ou qui lui sont devenues plus faciles, à cause de la disparition des phénomènes aigus de la maladie.

Pourquoi un médecin disperserait-il nécessairement son attention sur les incurables, par suite de leur mélange avec les curables? Ne connaît-il pas ses malades? A-t-il besoin qu'ils lui soient désignés par la distribution des bâtiments, pour reconnaître ceux qui réclament plus particulièrement ses soins? D'ailleurs, ne lui est-il pas facile de réunir dans une sous-division des tranquilles les malades qui momentanément lui paraissent devoir plus spécialement attirer son attention, sans pour cela avoir besoin d'une division fondamentale servant de base au plan général de l'établissement, et mise au-dessus de la séparation des sexes?

Ainsi donc, en résumé, les avantages administratifs et médicaux résultant de la séparation absolue ou relative des curables et des incurables n'ayant pas la valeur qu'on leur a attribué, on doit préférer leur réunion, mais une réunion *méthodique*, qui nous semble aussi supérieure à la séparation relative, que celle-ci l'était à la séparation absolue, et que cette dernière l'était à son tour au pêle-mêle des temps anciens.

QUEL DOIT ÊTRE LE NOMBRE DES DIVISIONS DANS UN ÉTABLISSEMENT? — En nous prononçant pour la réunion des deux sexes dans un même établissement, nous n'avons jamais entendu nous ranger à l'opinion singulière de Reil (1), qui conseille de laisser habiter les hommes et les femmes ensemble ; il est évident, au contraire, qu'ils doivent être séparés aussi complétement que possible, dans des divisions tout à fait distinctes. De plus, la situation mentale des aliénés présente des différences si tranchées qu'il y aurait désordre et danger à les réunir tous dans le même lieu ; il faut donc qu'un asile présente dans ses bâtiments des divisions en rapport avec les différences fondamentales des aliénés.

Pour établir ces divisions, on doit avoir en vue le bien-être et la réaction favorable des malades les uns sur les autres, en même temps que la commodité du service ; mais il faut bien se garder, ainsi que l'on fait plusieurs auteurs, de trop multiplier le nombre des divisions ; car toute division qui n'est pas indispensable devient un obstacle à la concentration des pouvoirs administratifs et médicaux, trouble l'ordre de l'établissement, en même temps qu'elle est une charge inutile.

Par les mêmes raisons qui nous ont fait repousser la création de deux asiles distincts pour les curables et les incurables, nous repoussons aussi leur séparation dans un même établissement.

La nécessité d'une division spéciale pour les convalescents, signalée, dès 1785, par Colombier (2), admise par Esquirol (3), Desportes (4), Brierre de Boismont (5), Scipion Pinel (6), Girard (7), n'est réalisée ni en France, ni en Angleterre, ni aux États-Unis, et

---

(1) *Rhapsodien*, p. 471 ; *Anhange zu Cox*, p. 63.

(2) *Instruction sur la manière de gouverner les insensés*, 1785.

(3) *Mémoire adressé au ministre de l'intérieur*, publié en 1818.

(4) *Programme d'un hôpital pour cinq cents aliénés*, publié en 1824.

(5) *Annales d'hygiène*, n° 31, juillet 1836 ; *Mémoire pour l'établissement d'un asile d'aliénés*, p. 55.

(6) *Traité d'un régime sanitaire des aliénés*, publié en 1836.

(7) Ouvr. cité, p. 18.

elle n'existe qu'à Turin, à Sonnenstein, et dans quelques autres établissements d'Allemagne.

Le principal motif sur lequel s'appuient les différents auteurs que nous venons de citer, pour demander une division spéciale pour les convalescents, est la crainte que les convalescents n'éprouvent des impressions pénibles, ou même une rechute, par suite de leur présence au milieu des autres aliénés. Or cette crainte est tout à fait chimérique, et l'expérience prouve que les impressions que peuvent ressentir les convalescents, dans une semblable situation, sont plus propres à consolider leur raison qu'à amener une rechute. De plus, l'aliéné convalescent, placé dans la division des tranquilles, éprouve en général de la sympathie pour eux, et il fait tous ses efforts pour être utile à leur guérison. Ensuite, le nombre des convalescents dans un établissement est ordinairement trop restreint pour pouvoir constituer une division. D'ailleurs, lors même que l'on séparerait les convalescents, on ne remédierait pas à l'inconvénient si redouté p r les auteurs; car il provient beaucoup plus de la présence des convalescents dans l'établissement que de leur réunion avec les autres malades. Ainsi donc, nous ne pouvons accepter une division spéciale pour les convalescents que comme une idée théorique, et nous la repoussons dans la pratique.

Lorsqu'on admet les épileptiques dans les mêmes asiles que les aliénés, tous les auteurs sont d'accord sur la nécessité de les séparer.

Il n'est pas aussi indispensable de créer une division spéciale pour les idiots et les imbéciles; ils peuvent, à la rigueur, être placés dans les différentes divisions, selon leur état d'agitation, de tranquillité, ou de malpropreté. Cependant, dans les grands centres de population, lorsqu'ils sont assez nombreux, on peut constituer pour eux une division particulière, et leur procurer les bienfaits de l'éducation, comme on l'a fait à Bicêtre et à la Salpêtrière; il y a même avantage à les réunir dans un établissement spécial, comme cela a lieu dans plusieurs pays, et en particulier dans le célèbre établissement de l'Abendberg, en Suisse, si habilement dirigé par le Dr Güggenbuhl.

Pinel et Esquirol ont insisté sur la nécessité de classer les malades d'après la forme de leur aliénation, et ils demandent des divisions spéciales pour les maniaques, les mélancoliques, et les malades suicides. C'est aussi l'opinion de Trompeo (1) et de Gualandi (2), en Italie; de Desportes (3) et de Brierre de Boismont (4), en France; de Guislain (5), et de la commission ministérielle (6), en Belgique; de Jacobi (7), en Allemagne.

Classer les malades d'après la forme de leur délire, c'est les séparer d'après leur état mental. Or cet état peut très-bien ne pas présenter les mêmes manifestations extérieures : on s'expose ainsi à laisser ensemble des malades, qui peuvent être très-nuisibles ou très-désagréables les uns pour les autres.

Quant aux mélancoliques suicides, il est certain que leur rapprochement en assez grand nombre, et sans mélange d'autres malades, peut leur être funeste par la contagion de l'exemple.

Dans l'état actuel de la science, c'est sur les manifestations extérieures des aliénés que l'on base généralement le classement. En effet, les malades tranquilles, agités, incommodes, malpropres, exigeant des conditions différentes d'ordre et de localités, il y a nécessité, au point de vue administratif, de les séparer dans des divisions distinctes en rapport avec leurs besoins divers.

---

(1) *Essai sur l'asile royal des aliénés de Turin.*

(2) *Osservazioni*, p. 134.

(3) Progr. cité.

(4) Mém. cit., p. 55.

(5) *Traité sur l'aliénation mentale et les hospices d'aliénés*, p. 227.

(6) Rapport, p. 6.

(7) Ouvr. cité, p. 53.

Ainsi on ne doit pas laisser ensemble les aliénés qui se font remarquer par la violence de leurs cris et de leurs actes, et ceux qui ont conservé beaucoup d'empire sur eux-mêmes et une plus ou moins grande partie de leur raison.

Ceux qui sont d'une malpropreté dégoûtante, ainsi que ceux qui se manifestent d'une manière incommode par un bavardage sans fin, des déclamations, des chants ou des mouvements irréguliers, en un mot ceux qui sont indisciplinés, rusés, méchants ou récalcitrants, doivent être soigneusement séparés.

Quels que soient la nature, la forme, et le degré de l'aliénation mentale, les aliénés sont sujets, comme les autres hommes à contracter des maladies accidentelles; de là, la nécessité de créer une infirmerie.

Ainsi on doit admettre, comme indispensables dans un établissement d'aliénés, les divisions et subdivisions suivantes :

I. Séparation de l'asile en deux parties complétement distinctes, l'une pour les hommes, l'autre pour les femmes.

II. Subdivision de chacune de ces parties en :
Division des tranquilles,
Division des agités,
Division des incommodes,
Division des épileptiques,
Division des gâteux,
Infirmerie.

En outre, comme dans un grand établissement il doit se trouver des malades intermédiaires qui ne rentrent pas exactement dans les divisions précédentes, et qui ne pourraient y être placés sans inconvénients pour eux et pour les autres, nous croyons nécessaire de réserver dans chaque division une ou plusieurs subdivisions correspondantes.

Enfin, comme il existe dans chaque asile d'aliénés quelques malades tout à fait exceptionnels, qu'il faut complétement isoler, et que l'on ne doit pas tenir enfermés dans leur cellule, nous proposons de réserver, selon la grandeur de l'établissement, dans la division des agités, une, deux, trois, quatre ou cinq petites cours où un malade puisse être seul, et cependant profiter des bienfaits de l'air extérieur et de l'exercice musculaire.

Nous ferons observer que les sous-divisions n'exigent pas une séparation complète comme les divisions, et qu'il suffit d'un simple mur ou d'une simple cloison pour les établir.

Ne faire qu'un petit nombre de divisions et y établir beaucoup de séparations, tel est le but que l'on doit se proposer.

CHAPITRE II.

DE LA CONSTRUCTION.

C'est surtout dans la construction des asiles d'aliénés que l'on doit se rappeler le principe général de donner, le plus possible, à ces établissements l'apparence des maisons ordinaires, et de ne faire une chose spéciale que lorsqu'elle est tout à fait indispensable.

L'ensemble des bâtiments doit présenter le caractère de la simplicité, et autant que possible de la gaieté. Rien ne doit retracer aux yeux l'idée d'une prison ; on doit éviter les grilles en fer, les grands murs, les petites croisées, les fortes serrures, et les gros verrous ; tout doit y être solide et combiné en vue de la sûreté, mais les apparences de la liberté doivent être conservées, et c'est le cas de mettre en pratique ce précepte si judicieux : *Suaviter in modo, fortiter in re.*

Un asile d'aliénés ne doit pas non plus présenter un aspect monumental, ni encore moins ressembler à un palais ; et c'est à tort, selon nous, que l'on a pris pour modèle, dans la construction de Bedlam, le palais de Tuileries.

Point d'ornements, point de complications qui excitent l'imagination morbide des malades; nulle part des objets qui puissent faire sentir à l'aliéné son malheureux état.

Concilier la facilité de la surveillance et des communications avec le bien-être des malades, séparer complétement les deux sexes, éloigner autant que possible la division des agités de celle des tranquilles, sans cependant priver les premiers de l'action constante de la surveillance qu'ils réclament au plus haut degré, placer les services généraux à peu près à égale distance de toutes les parties de l'établissement, leur ménager des communications faciles avec les divers quartiers, tout en les isolant; prémunir les aliénés contre toute espèce de dangers, sans avoir recours à un trop nombreux personnel; rendre les divisions tout à fait indépendantes les unes des autres; mettre les cours et les jardins des diverses espèces de malades immédiatement en rapport avec chacune de leurs habitations: telles sont les idées qui doivent servir de guide dans la construction d'un asile d'aliénés.

Le principe que j'ai adopté de ne faire ni de l'architecture ni de l'hygiène générale, et de me renfermer dans la spécialité de mon sujet, me permettra de traiter très-brièvement les diverses questions relatives à la construction, et même de passer sous silence celles qui, comme la buanderie, la cuisine, par exemple, sont communes à tous les établissements hospitaliers.

Après avoir examiné quelle est la forme que doit affecter de préférence un asile d'aliénés, quel est le nombre d'étages qu'il doit présenter, je passerai en revue les parties constituantes d'un établissement, c'est-à-dire les dortoirs, les salles de réunion, les ateliers, les réfectoires, les corridors, les galeries, les cours et les jardins: j'arriverai ensuite aux différents détails de construction, tels que les escaliers, les fenêtres, les portes, les lieux d'aisances, le sol, les murailles, et après avoir groupé dans un chapitre spécial tout ce qui concerne particulièrement les agités, je terminerai par les bains, le chauffage, l'éclairage, et la ventilation.

FORME D'UN ÉTABLISSEMENT D'ALIÉNÉS. — Jacobi (1) a réduit à quatre formes principales les différentes dispositions des bâtiments adoptées dans les asiles d'aliénés.

1° La *forme en carré,* qui consiste en un certain nombre de carrés disposés plus ou moins symétriquement, présente de grands avantages; elle permet de séparer complétement les sexes, de multiplier les cours, de restreindre l'étendue de l'établissement, et facilite les divisions; mais elle a l'inconvénient, lorsqu'elle est rigoureusement appliquée, de nuire à la ventilation en limitant de tous côtés les cours par des bâtiments. Esquirol a remédié en partie à cet inconvénient en remplaçant l'un des côtés des carrés par une grille.

2° La *forme en H,* composée d'un bâtiment central, destiné à l'administration et aux services généraux, et de deux ailes latérales pour chaque sexe, a l'avantage de placer l'administration au centre de l'établissement, de séparer complétement les deux sexes, et de permettre la ventilation; mais elle a l'inconvénient d'obliger à élever considérablement les bâtiments ou à les développer sur une grande longueur, et de mettre obstacle à une séparation suffisante entre les agités et les autres malades : aussi a-t-on été obligé, dans plusieurs asiles construits d'après cette forme, entre autres à Wakefied en Angleterre, d'ajouter pour les agités plusieurs pavillons séparés, hors de l'enceinte de l'établissement.

3° La *forme en ligne droite,* dont tous les bâtiments se suivent sur une seule ligne, permet de séparer complétement les deux sexes, et de classer convenablement les malades, d'éloigner les agités, de

(1) Ouvr. cit., p. 30.

donner à chaque section une cour et un jardin contigus, de favoriser la ventilation et la vue sur la campagne; mais elle nécessite une grande élévation dans les bâtiments ou bien une longueur démesurée, ce dont le nouvel asile de Colney-Hatch, près de Londres, est un exemple frappant.

4° La *forme en étoile, panoptique, rayonnée,* qui consiste en un bâtiment central vers lequel convergent cinq ou six ailes rayonnantes, a pour but de faciliter la surveillance générale de l'établissement; mais cet avantage est illusoire, puisque la surveillance ne consiste pas à apercevoir de loin et d'une manière superficielle tous les bâtiments, mais bien à savoir de près et exactement ce qui se passe à l'intérieur. Ce mode de construction a l'inconvénient de rendre les cours irrégulières, de donner à l'établissement un aspect bizarre et semblable à celui des prisons cellulaires, d'empêcher la circulation de l'air dans le bâtiment central, d'exiger une grande élévation ou une longueur excessive des ailes, et de s'opposer à l'agrandissement de l'établissement. Ces nombreux inconvénients ont fait généralement renoncer à cette forme, et l'architecte Starck lui-même, qui le premier l'a appliquée aux établissements d'aliénés dans la construction de l'ancien asile de Glascow, l'a plus tard abandonnée et a adopté la forme en H pour l'établissement de Dundee (1).

On le voit, chacun de ces types a ses défauts. Aussi ne doit-on en accepter aucun d'une manière exclusive, mais bien s'efforcer de réunir, dans un même plan, les avantages des différentes formes: c'est ce qu'on a cherché à faire dans la plupart des établissements modernes, et chaque médecin a proposé un plan qui lui semblait préférable aux autres, parce qu'il était exempt des inconvénients qui avaient le plus fortement frappé son attention. Mais aucun plan ne peut être absolument sans objection; pour acquérir un avantage, il faut souvent en sacrifier un autre, et tout ce qu'on peut espérer, c'est

(1) Samuel Tuke, *Introduction à Jacobi.*

d'éviter de graves inconvénients. La forme d'un établissement doit varier d'après le nombre des malades, la différence des localités, des mœurs, des habitudes et des classes de la société; ainsi telle forme qui conviendra pour un petit établissement, ne pourra convenir pour un grand; telle autre qui présentera des avantages pour un pays chaud ne pourra être adoptée dans celui dont la température est froide ou extrêmement variable; enfin telle autre qui devra être recherchée pour un établissement public devra être écartée pour un établissement privé.

Dans tous les cas, le problème à résoudre se réduit toujours à ces deux termes: concilier la facilité du service et de la surveillance avec la séparation complète des diverses classes de malades.

Nombre des étages. — En demandant des bâtiments à rez-de-chaussée pour la généralité des aliénés, Esquirol (1), Desportes (2), Georget (3), J. Frank (4), Reil (5), Nostitz et Jaenckendorf (6), et Guislain (7), ont montré une prudence exagérée et ont sacrifié à un préjugé qui tend à faire considérer tous les aliénés comme des furieux ou du moins comme des malades dangereux; ils ont craint que les escaliers et les croisées ne devinssent des causes d'accidents graves et même de suicides, que la surveillance fût moins active et plus pénible, que les promenades des malades fussent moins fréquentes à cause du nombre des marches à monter et à descendre; que les malades des étages supérieurs fussent troublés par ceux des étages inférieurs; que le lavage des corridors et des cellules fût plus

---

(1) Art. *Maisons d'aliénés*, p. 64, 66.

(2) Ouvr. cité, p. 10 et 13.

(3) *De la folie*, p. 160.

(4) *Præcepta*, p. 777.

(5) *Rhapsodien*, p. 460.

(6) *Beschreibung*, etc., p. 55.

(7) Ouvr. cité, p. 227.

rare, à cause de la crainte de la dégradation des bâtiments; enfin que les lieux d'aisances devinssent une cause d'infection et de malpropreté.

Par l'introduction du principe de sociabilité dans les maisons d'aliénés, et en plaçant les salles de réunion au rez-de-chaussée, presque toutes ces craintes tombent d'elles-mêmes; car, du moment que les malades, au lieu d'être retenus en cellule ou dans des corridors, sont rassemblés pendant toute la journée dans des salles de réunion ou des ateliers, et qu'il ne leur est pas permis de monter, avant l'heure du coucher, aux étages supérieurs, on rentre presque dans les conditions d'un établissement à rez-de-chaussée. Quant au danger des croisées et des escaliers, déjà considérablement diminué par ce système, on a bien des moyens de l'éviter tout à fait, sans aucun désagrément pour l'apparence ni pour les malades. D'ailleurs, tout en combattant le système des rez-de-chaussées pour la généralité des aliénés, parce qu'il les met hors la loi commune, et qu'il occasionne des dépenses excessives sans motifs sérieux, nous sommes loin de le repousser d'une manière absolue, et nous croyons, au contraire, que dans chaque établissement il est bon de réserver un bâtiment à rez-de-chaussée pour le petit nombre des malades reconnus tout à fait dangereux, et que l'on est obligé de laisser une partie de la journée dans leur chambre.

Certains médecins, parmi lesquels nous citerons Conolly (1), Roller (2) et Pienitz neveu (3), tout en se prononçant contre les bâtiments à rez-de-chaussée, demandent que l'on ne donne pas aux établissements plus de deux étages. Ils prétendent que le troisième est difficile à monter et à descendre, qu'il est presque toujours mal

(1) Ouvr. cité, p. 10.

(2) *Die Irrenanstalt*, p. 97.

(3) Dissert. inaugur., p. 11.

entretenu, que c'est un obstacle à une surveillance exacte, à une bonne ventilation, et à la salubrité de l'établissement; enfin ils ajoutent que la longueur de l'établissement diminuant en proportion du nombre des étages, il ne reste pas assez d'espace pour faire des cours pour chaque division, lorsqu'on a trop élevé les bâtiments, et il est impossible d'avoir une bonne classification.

Nous ajouterons que les divisions des malades ne devant jamais être superposées les unes aux autres, et les salles de réunion devant toujours se trouver au rez-de-chaussée et les dortoirs aux étages supérieurs, ces conditions s'opposent à ce que le nombre de deux étages soit dépassé.

En outre nous pensons que les motifs donnés par Esquirol en faveur des rez-de-chaussée, et que nous venons de combattre, acquièrent plus de valeur lorsqu'il s'agit de bâtiments à trois ou quatre étages, et que par conséquent on doit éviter cette élévation extrême dans la construction d'un asile d'aliénés.

Dortoirs. — Les aliénés doivent-ils coucher dans des dortoirs ou dans des chambres isolées? Autrefois, et Esquirol partageait encore en grande partie cette manière de voir, on pensait que le système des dortoirs n'était pas généralement applicable aux aliénés, à cause de la nature particulière de leur maladie.

Desportes, en France, est le premier qui ait senti les avantages des dortoirs sous le double point de vue de l'administration et de la médecine; M. Ferrus surtout a puissamment contribué à cette heureuse réforme, en élevant, dans son service de Bicêtre, à un chiffre considérable le nombre des aliénés admis dans des dortoirs. En Angleterre et en Allemagne, la même transformation s'est opérée ou tend à s'opérer de plus en plus, et aujourd'hui la plupart des médecins aliénistes admettent, à des degrés divers, il est vrai, le système des dortoirs dans la construction des asiles d'aliénés.

Les avantages administratifs des dortoirs sont incontestables; les frais de première fondation sont moins élevés que ceux de chambres isolées ; ils donnent la possibilité de réunir un plus grand nombre de malades dans un même espace, et partant réduisent l'étendue totale de l'établissement ; ils permettent de diminuer le nombre des surveillants et donnent plus d'agréments et de variété aux bâtiments en facilitant la suppression des longs corridors nécessaires pour arriver aux cellules, et qui impriment à un asile l'aspect triste et monotone d'un couvent ou d'une prison.

Les avantages médicaux ne sont pas moins évidents, et résultent tous du fait même de la vie en commun dont nous aurons plusieurs fois l'occasion de signaler les heureux effets dans le cours de ce travail. Par la réunion des malades pendant la nuit, comme pendant le jour, la surveillance devient plus facile et plus constante, et les malades s'influencent réciproquement d'une manière favorable : la surveillance devient plus facile, car une seule personne peut surveiller à la fois plusieurs malades, tandis que pour obtenir le même résultat avec des chambres, il faudrait que chaque aliéné eût son domestique; d'ailleurs, la seule présence des autres malades est un frein puissant pour les aliénés, et ils se surveillent ainsi, à leur insu, les uns les autres, ce qui est surtout important dans le cas des aliénés qui présentent un penchant au suicide ou une grande tendance à l'onanisme. L'action thérapeutique n'est pas moins évidente, car la vue et l'exemple de leurs compagnons suffit pour contraindre les aliénés à réprimer leurs tendances et leurs manifestations ; aussi est-il d'observation générale que les aliénés sont beaucoup plus calmes, beaucoup plus propres, lorsqu'ils sont réunis en dortoirs, que lorsqu'ils habitent dans des chambres isolées.

On a objecté contre l'admission des dortoirs pour la généralité des aliénés qu'ils n'étaient applicables qu'aux malades les plus tranquilles, parce qu'un seul malade bruyant peut suffire pour troubler tous les autres, un seul malade malpropre ou indiscipliné pour les incommoder tous. On a dit que les dortoirs présentaient ordinairement, dès le milieu de la nuit, un air impur ; enfin le Dr Conolly a soutenu que mettre les malades dans des dortoirs, c'était leur enlever le plaisir qu'ils éprouvent à posséder une chambre qui leur est propre et à en disposer à leur gré. A cela nous répondrons : l'agitation pendant la nuit est un fait rare, et il ne peut prévaloir à lui seul contre le système si bienfaisant des dortoirs; lorsqu'il se produit, on peut y remédier en transférant immédiatement le malade bruyant dans une chambre particulière. D'ailleurs ce fait ne doit pas entraîner à restreindre l'emploi des dortoirs aux malades tranquilles, mais bien à choisir avec soin les malades et à les réunir en moins grand nombre.

Les aliénés malpropres doivent être séparés de ceux qui seraient incommodés par leur voisinage ; ils doivent ou bien être réunis ensemble dans des conditions particulières, comme on le fait généralement pour les gâteux, ou bien, dans les cas extrêmes, être complétement isolés dans des chambres particulières.

On peut remédier à l'impureté de l'air, qui existe en effet dans plusieurs dortoirs, par un système convenable de ventilation, et les dortoirs sont d'ailleurs plus faciles à ventiler que les chambres. Quant à l'argument du Dr Conolly, il ne peut guère se concilier avec le principe général, admis par la plupart des médecins, de ne faire occuper les chambres à coucher par les malades que pendant la nuit et de les tenir fermées pendant le jour ; il n'est applicable qu'à un très-petit nombre d'aliénés et surtout à des pensionnaires, à cause de leurs habitudes antérieures.

De l'exposé de ces motifs contradictoires, nous concluons que pour profiter le mieux possible des avantages des dortoirs et diminuer leurs inconvénients, il faut éviter de les faire trop considérables, et il est convenable d'en créer de diverses grandeurs, depuis trois à quatre lits jusqu'à douze ou quinze au plus, afin de permettre le classement des divers genres de malades.

Salles de réunion. — Si l'on admet que les malades tranquilles peuvent être réunis dans des dortoirs, à plus forte raison, admettra-t-on qu'ils soient réunis le jour dans des salles communes. Ces salles doivent être spacieuses, gaies, et communiquer facilement avec les cours, résulat que l'on obtient d'une manière complète en les plaçant au rez-de-chaussée. On doit préférer plusieurs petites salles de réunion à une seule salle très-grande, pour pouvoir séparer les divers genres de malades. En effet, quand le nombre des malades réunis ensemble est très-considérable, il en est toujours qui sont peu sympathiques les uns aux autres, soit par leur caractère, soit par leur maladie, et il vaut mieux les séparer pour éviter des discussions et des querelles. Ensuite, on obvie par là à l'inconvénient signalé à propos des grands dortoirs; un seul malade ne peut pas en troubler un grand nombre.

Au moyen de deux ou trois salles de réunion dans chaque division, on évite tous les inconvénients, et on a cependant l'immense avantage de favoriser la sociabilité et la réaction des malades les uns sur les autres, deux principes qui sont destinés à faire faire un si grand pas au traitement des maladies mentales.

Ateliers.— Aujourd'hui, que le travail est en honneur dans la plupart des asiles, les salles de réunion sont presque toutes transformées en ateliers, qui ajoutent à l'avantage de réunir les malades celui de les occuper; il semblerait donc que la création des ateliers devrait entraîner la suppression des salles de réunion. Cette suppression absolue serait certainement possible; néanmoins, dans un établissement bien ordonné, il est convenable de posséder, indépendamment des dortoirs, des ateliers et des réfectoires, des salles où les malades puissent se reposer à l'abri de l'air extérieur, entre les heures de travail et de repas, et où puissent séjourner également les aliénés qui, par suite de certaines circonstances particulières, ne peuvent ou ne doivent pas travailler.

Pour les travaux des femmes et pour certaines occupations des hommes, des salles ordinaires peuvent servir d'ateliers; mais pour un certain nombre de travaux, il est nécessaire d'avoir des locaux spéciaux appropriés aux divers genres de métiers : tels sont les ateliers de menuisiers, de charpentiers, de serruriers, de sabotiers, de tisserands, etc.

La situation de ces ateliers doit les mettre à la portée d'une surveillance facile, et cependant les tenir en dehors des bâtiments principaux, afin que le bruit qu'ils occasionnent ne puisse nuire au reste des malades.

Réfectoires. — Le même principe de la vie en commun qui a conduit à faire coucher les aliénés dans des dortoirs et à les rassembler pendant le jour dans des salles de réunion et dans des ateliers, a amené à les faire manger ensemble dans des réfectoires.

Il n'y a rien de particulier à dire sur la construction de ces réfectoires ; ils doivent être distribués d'après les mêmes idées que les salles de réunion, et peuvent même, à la rigueur, les remplacer, comme cela a lieu dans l'établissement d'Auxerre, qui est peut-être un des mieux administrés de France.

Corridors. — Les corridors, si utiles et si nécessaires lorsque chaque malade avait une cellule, pourraient être supprimés par une raison d'économie avec le système des dortoirs, des salles de réunion et des ateliers, puisqu'ils ne sont plus indispensables pour arriver à chaque cellule.

Au moyen d'escaliers convenablement placés, on peut faire descendre directement, des dortoirs aux salles de réunion, les malades des diverses divisions, sans s'exposer à les mélanger, et on obvie ainsi aux inconvénients qui résulteraient de la suppression des corridors.

Ils peuvent d'ailleurs être nuisibles à la sociabilité en servant à la promenade isolée des malades ainsi qu'à la ventilation, en empêchant la circulation de l'air d'un côté du bâtiment à l'autre. Cependant si on les conserve, afin de faciliter les communications, il faut avoir le soin de ne pas les placer entre deux rangées de chambres ou de dortoirs, comme on le faisait autrefois, de ne pas faire ouvrir les fenêtres des chambres ou des dortoirs dans leur intérieur, et de ne pas permettre aux malades d'y séjourner; on n'a plus alors que l'inconvénient d'une plus grande dépense et d'une perte d'espace.

Galeries. — Aux corridors intérieurs, certains auteurs, presque tous français, tels que Esquirol (1), Desportes (2), le Dr Girard (3), et le Dr Brierre de Boismont (4), veulent qu'on ajoute des galeries extérieures. Sans doute, ces galeries sont agréables à la vue, facilitent les communications, et ménagent aux aliénés une promenade dans les mauvais temps; mais elles enlèvent aux appartements de la clarté et ont l'inconvénient d'occasionner une grande dépense.

Nous ferons observer que les corridors et les galeries font double emploi, et lorsqu'on possède les uns, les autres deviennent inutiles. Quant à nous, l'avantage d'offrir en plein air une promenade couverte nous ferait préférer les galeries aux corridors.

Cours et jardins. — Les cours sont indispensables pour que les malades puissent jouir, à chaque instant et à leur gré, des bienfaits de l'air extérieur; cet exercice en plein air est un des meilleurs moyens de calmer leur agitation. Il serait même très-utile d'avoir plusieurs cours dans chaque grande division, de manière à pouvoir séparer convenablement les divers malades.

De la disposition des bâtiments, dépend beaucoup la grandeur des cours et la facilité de les établir. Elles ne doivent pas être entourées de tous côtés par des bâtiments, car alors l'air n'y circule pas

---

(1) *Maladies mentales*, t. 2, p. 421, 422.

(2) Progr. cité.

(3) Ouvr. cité, p. 242.

(4) Mém. cité, p. 65.

assez librement ; elles doivent avoir la vue sur la campagne ; on doit chercher à leur donner l'aspect le plus agréable, au moyen de plantations, de parterres et de fontaines ; enfin, elles doivent être pourvues de siéges et de divers objets d'amusement en harmonie avec le sexe et l'état des aliénés.

En Amérique (1), les établissements sont le plus souvent dépourvus de cours en plein air, sous prétexte que les malades pourraient se coucher sur le sol et y contracter des maladies et des habitudes de malpropreté, comme si ces inconvénients étaient difficiles à éviter, et comme s'il ne valait pas mieux qu'ils soient couchés dans une cour propre et bien tenue que sur le sol d'un corridor.

Nous ne regardons pas comme absolument nécessaire l'existence d'un jardin pour chaque division ; les malades ne devant s'y promener qu'à certaines heures, ils peuvent très-bien alterner dans le même jardin ; d'ailleurs il peut y avoir avantage à les y réunir quelquefois. Les jardins doivent être entourés de toutes parts, soit par des murs, soit par des fossés en saut de loup ; il faut éviter que les arbres en soient trop touffus, afin de ne pas mettre obstacle à la surveillance.

Escaliers.— Nous avons dit, en parlant du nombre des étages, que le danger des escaliers pouvait très-bien être évité au moyen de dispositions spéciales. Une de ces dispositions consiste à élever une cloison du côté qui est ordinairement limité par une simple rampe, de telle sorte que l'escalier, se trouve alors entre deux murs, et ainsi toute crainte de suicide disparaît. Un autre moyen consiste à rétrécir tellement la cage de l'escalier qu'il devienne impossible de s'y précipiter. Je ne parle pas du système des grillages en fer et des cages en bois, qui me semblent devoir être rejetés comme peu agréables à la vue, et réveillant trop l'idée d'une prison.

---

(1) Ray, *American journal of insanity*, avril 1846, p. 341.

Si l'on supprime les corridors, les escaliers doivent être plus nombreux, et l'on doit en avoir au moins un pour chaque division, afin de ne jamais être obligé de passer de l'une dans l'autre. Les escaliers doivent être assez larges pour permettre sur la même ligne le passage facile de trois personnes, en cas de lutte avec un malade qu'on voudrait enlever.

Fenêtres. — Dans l'intérêt des malades comme dans celui de l'établissement, on a eu recours à toute espèce de dispositions dans la construction des fenêtres. Tout ce que l'imagination a pu inventer a été essayé, soit dans la forme, soit dans la situation des fenêtres, soit dans la manière de les protéger, soit dans leur mode de fermeture. Ces dispositions spéciales ont toutes pour but d'empêcher les évasions, les suicides, les blessures, sans cependant priver les habitations de ventilation et de vue suffisantes. Pour éviter la nécessité de moyens de protection intérieurs et extérieurs, on a, dans plusieurs asiles, placé les fenêtres à une hauteur considérable ou même dans le plafond, et on leur a donné les formes les plus variées afin de faciliter leur ouverture et la ventilation; on a fait des fenêtres à pivot, à bascule, ou même, dans plusieurs asiles anglais, à Hanwell, à Bedlam, par exemple, des fenêtres circulaires ou demi-circulaires sous forme de bouches de chaleur. Ces fenêtres, formées de deux cadres, dont l'un mobile roule à volonté sur l'autre qui est immobile, autour d'un axe central, sont composés d'espaces pleins et d'espaces vides qui peuvent alternativement se correspondre les uns aux autres, de manière à intercepter l'air ou à le laisser pénétrer dans l'appartement. On a évité ainsi les grillages et les barreaux intérieurs et extérieurs en mettant les fenêtres hors de la portée des aliénés; mais la ventilation est devenue plus difficile, on a enlevé toute espèce de vue et rendu les habitations très-tristes, sans cependant pouvoir empêcher les malades, à l'aide d'un meuble quelconque, de chercher à s'évader, et, à l'aide d'un objet de leur mobilier ou de leur vêtements, de briser les vitres.

Dans d'autres asiles, on a adopté les fenêtres à hauteur d'appui, à coulisses, à ventaux, etc. etc., comme dans les maisons ordinaires, suivant les usages du pays, en y ajoutant toutefois des dispositions ou des modes de fermeture particuliers que les malades ne pouvaient ouvrir à volonté.

Ainsi, par exemple, on a diminué la largeur des carreaux afin que le corps d'un homme ne puisse y passer; on a fait les cadres en fer afin que les malades ne puissent les briser, et se frayer un passage, après avoir cassé les vitres.

On a divisé la fenêtre en deux parties, dont la partie supérieure seule s'ouvre et sert à la ventilation, tandis que la partie inférieure, scellée, ne sert qu'à la vue.

On a encore perfectionné ce système en laissant à la partie inférieure (comme on l'a fait à Illenau), une portion de fenêtre que le malade peut ouvrir à volonté, mais au dehors de laquelle se trouve un cadre en fer non vitré dont les barreaux correspondent exactement au cadre de la fenêtre, et qui n'est visible que quand elle est ouverte.

Dans d'autres endroits, et principalement en Angleterre, on ne s'est pas borné à établir ce cadre vide vis-à-vis d'une seule portion de la croisée; il existe dans toute sa hauteur et remplace avantageusement les barres de fer verticales qui sont visibles alors même que la fenêtre est fermée. On a dernièrement appliqué ce système aux nouvelles cellules des agitées à la Salpêtrière.

Dans l'asile de Pensylvanie (1), le moyen employé dans le même but est encore plus simple et plus agréable; il consiste à ne faire ouvrir que la moitié inférieure de la fenêtre et à placer en dehors, à quatre ou cinq pouces en avant, une protection en fer ayant le caractère d'un ornement. Comme dernier moyen de protection exté-

(1) Ray, ouvr. cité, p. 323.

rieure, nous citerons encore les persiennes de diverses formes, fermées pendant la nuit et même pendant le jour.

Les moyens de protection intérieure consistent dans des grillages en fil de fer, dans des volets ou des persiennes en bois, ne recouvrant que la moitié inférieure de la fenêtre pendant le jour, ou bien la recouvrant complétement pendant la nuit et se repliant pendant le jour dans l'embrâsure de la croisée.

Les moyens de fermeture très-variés consistent ordinairement en diverses espèces de serrures s'ouvrant à l'aide de clef ou de carrés et ne faisant pas saillie, afin de ne pas devenir des moyens de suicide.

Les avantages respectifs de ces diverses variétés de fenêtres ont été longuement discutés par les auteurs; nous n'avons pas à entrer ici dans de semblables discussions; nous dirons seulement qu'aucun des systèmes que nous venons d'énumérer n'a répondu complétement à toutes les exigences, que plusieurs d'entre eux donnent aux établissements d'aliénés l'aspect d'une prison, et qu'ils ont tous l'inconvénient grave de la singularité. Pourquoi ne pourrait-on pas avoir dans les établissements d'aliénés des fenêtres semblables à celles des autres établissements?

Quel est le but que l'on doit se proposer dans la construction des fenêtres? C'est, comme nous l'avons dit, d'une part, d'éviter les suicides, les blessures et les évasions, et d'autre part, de trop grandes dépenses en vitres; or, je répéterai, comme pour la question du nombre des étages, que l'on a eu le tort de considérer la généralité des aliénés comme des êtres dangereux. Conformément au principe que nous avons proclamé, et qui consiste à faire rentrer les aliénés, autant que possible, dans la règle commune, nous proscrivons toutes ces fenêtres exceptionnelles et nous demandons des fenêtres ordinaires, avec cette seule précaution qu'elles ferment à clé. Dans les dortoirs, on doit y ajouter des volets en bois plein que l'on ferme la nuit, d'après le même système que les croisées. Par ces moyens, qui ne sortent pas de la loi commune, nous croyons pouvoir éviter tous les suicides et toutes les évasions. Quant aux blessures, elles seront très-rares et peu graves; la dépense des vitres est tout à fait imaginaire, car les aliénés en brisent beaucoup moins que ceux qui les gardent.

Portes. — D'une manière générale, les portes doivent être fortes, solides, sans être massives; il ne faut pas les surcharger de ces énormes serrures et de ces verroux qui donnent l'aspect d'une prison; on doit pouvoir les fermer sans avoir recours à la clé; il doit y avoir uniformité dans les serrures afin que les serviteurs ne soient pas chargés de clefs comme des geoliers, et que la recherche d'une clef ne soit pas une cause de retard quand il faut ouvrir; les rapports du pêne et de la gâche doivent être tels, qu'il y ait pour le malade impossiblité d'ouvrir lui-même avec un morceau de bois ou de fer, ou de mettre obstacle à l'ouverture.

Lieux d'aisance. — La question des lieux d'aisance, importante dans toute réunion d'hommes un peu considérable, le devient encore davantage dans un asile d'aliénés, à cause de leur tendance générale à la malpropreté; de plus, leur penchant au suicide et à l'onanisme, exige une surveillance particulière.

Esquirol (1) et Desportes (2), dans la crainte de la mauvaise odeur, voulaient que l'on séparât les lieux d'aisance des autres bâtiments, et c'est d'après leurs idées, qu'à la Salpêtrière, on a laissé à peu près un intervalle d'une toise entre les salles de réunion et les cabinets d'aisance. Ce système a l'inconvénient de trop éloigner les lieux d'aisance et d'augmenter la difficulté d'y arriver, principalement pendant la nuit; aussi je pense qu'aujourd'hui, grâce aux perfectionnements que les anglais surtout ont apporté dans les *Water-Closets,*

---

(1) Art. *Maisons d'aliénés*, p. 76.

Ouvr. cité, p. 19 et 24.

et avec des soins de propreté, il n'y a pas d'inconvénient à placer les lieux d'aisance dans l'intérieur des bâtiments.

Sol des habitations. — Le but que l'on doit se proposer dans le choix du sol le plus convenable pour les aliénés est de concilier les lois de l'hygiène et de la propreté; il faut, d'une part, que les malades ne soient pas exposés au froid aux pieds, qui pourrait leur devenir funeste à cause de leurs dispositions aux congestions cérébrales, et, d'une autre part, que le sol puisse être lavé fréquemment sans se détériorer trop facilement et en conservant des apparences convenables.

Aujourd'hui on admet assez généralement que l'on peut satisfaire à toutes les exigences au moyen du plancher chez les tranquilles; mais quelques médecins voudraient encore que les dalles fussent conservées pour les agités, les gâteux, les paralytiques. Contrairement à leur opinion, nous croyons, avec Desportes (1), devoir adopter le plancher pour tous les malades sans exception, tel qu'il existe dans tous les hôpitaux de Paris, et nous rejetons le système qui consiste à rendre le plancher mobile par parties, comme une complication inutile et même nuisible.

Reil (2) a proposé un dallage en marbre recouvert de tapis, système très-difficile à réaliser.

Jacobi (3) propose de recouvrir la planche d'une couche d'huile de lin, comme on l'a fait à Siegbourg, pour empêcher l'eau de pénétrer dans le parquet quand on est obligé de le laver; il engage aussi à donner une certaine inclinaison au plancher pour l'écoulement des eaux.

---

(1) Ouvr. cité, p. 18 et 19.

(2) *Rhapsodien*, p. 461.

(3) Ouvr. cité, p. 63.

Murailles. — Les deux principales conditions à remplir sous le rapport des murailles sont la propreté et la facilité du lavage, ce qu'on peut obtenir facilement au moyen d'une peinture à l'huile ou à la chaux. Ce dernier moyen est employé partout en Angleterre, et il réussit très-bien parce que les constructions sont faites avec un grand soin, les pierres sont tellement polies que l'on peut appliquer immédiatement l'eau de chaux, et ce procédé est d'autant meilleur que l'on peut habiter quelques heures après les appartements qui en ont été enduits ; mais en France on est obligé d'avoir recours à la peinture à l'huile. A hauteur d'homme à peu près, on doit les peindre d'une couleur plus foncée, qui soit moins salissante, et l'on ne saurait trop encourager à rompre la monotonie des murailles, dans les salles de réunion, au moyen de différents objets, tels que des cartes de géographie ou des tableaux, comme on l'a fait à Siegbourg. Je dirai comme singularité que l'on a proposé de donner aux murs des couleurs différentes suivant les différentes formes de l'aliénation, pour influencer favorablement les malades ; je laisse à juger l'importance d'une semblable influence.

Des chambres des agités. — Il y a peu de temps encore, chaque aliéné avait sa cellule, et ces cellules offraient le spectacle le plus épouvantable ; elles ressemblaient à des cages de bêtes féroces ou à des cachots de prisonniers ; aujourd'hui le nombre des cellules est tout à fait restreint et elles offrent l'aspect d'une chambre ordinaire. Quel immense progrès !

Dans un établissement bien ordonné, il ne doit y avoir au plus que dix cellules par cent aliénés, et ces chambres doivent être assez éloignées du reste de l'établissement pour que les agités ne troublent pas les autres malades, et assez rapprochées pour que ceux-ci puissent y être transférés facilement lorsqu'il éclate chez eux un paroxysme, et afin que ces malades, qui ont le plus besoin dsoins et de surveillance, ne soient pas à une trop grande distance des bâtiments de l'administration et des services généraux.

La solution de ce problème dépendra beaucoup de la forme que l'on aura adoptée pour l'établissement ; mais d'une manière générale, on peut dire qu'à cause du mouvement en plein air, indispensable à ces malades, et des cris perçants qu'ils laissent si souvent échapper, il n'est guère possible de les rapprocher autant qu'on pourrait le désirer en vue de la surveillance ; mais on doit bien se garder d'isoler tout à fait les cellules les unes des autres, comme on l'a fait à la Salpêtrière dans des châlets séparés; car, si ce système est avantageux sous le rapport des cris et de la vue, il a les inconvénients les plus graves, puisqu'il rend le chauffage et la surveillance de nuit presque impossibles.

Pour construire ces chambres, il faut à cette exception même appliquer le principe général qui doit diriger dans la construction des asiles, c'est-à-dire se rapprocher, autant que possible, d'une habitation ordinaire. Tout doit y être simple mais d'une grande propreté, et ne réveiller en rien l'idée d'une prison.

Les murs doivent être peints à l'huile ou à la chaux ; les fenêtres présenter des carreaux plus petits que dans les autres parties de l'établissement et être munies à l'extérieur de persiennes, et à l'intérieur de volets. Les portes doivent être fortes, s'ouvrir en dehors pour ne point servir d'appui aux malades lorsqu'on veut pénétrer chez eux contre leur gré ; elles ne doivent présenter ni verroux, ni barre en fer, ni ouverture qui retracerait trop l'idée d'un guichet. Ces guichets, en inspirant de la défiance aux malades, favorisent souvent la négligence des domestiques, en leur permettant de faire passer par cette ouverture les aliments et autres objets qu'ils apportent aux malades.

Le sol de ces cellules, contrairement à l'opinion d'Esquirol (1), d'Hœberl (2) et de Guislain (3), peut être planchéié comme dans les

(1) Art. *Maisons d'aliénés*, p. 70.

(2) *Abhandlung*, etc., p. 250.

(3) Ouvr. cité, p. 232.

autres parties de l'établissement, sans avoir à redouter les inconvénients qui avaient fait croire à la nécessité du dallage.

Dans le but de la ventilation et de l'émission de la voix, il est convenable de pratiquer, dans le plafond, une ouverture qui communique à volonté avec l'air extérieur.

Bains. — Les bains sont d'une grande utilité dans un établissement d'aliénés, d'abord comme moyen de propreté, ensuite comme moyen de traitement; cependant plusieurs médecins et plusieurs administrateurs ont pensé qu'il suffisait d'établir une seule salle de bains, en choisissant le point le plus central ou le plus rapproché de la classe des malades qui en a le plus besoin, et en en facilitant l'accès par des corridors et des galeries fermées. Il est très-difficile, pour ne pas dire impossible, qu'une seule salle de bains, quelque discernement que l'on apporte dans le choix de son emplacement, puisse suffire dans un asile, même peu considérable. Presque toujours alors ceux qui en auraient le plus besoin en sont privés plus ou moins longtemps, dans la crainte que leur cris ne troublent l'ordre de l'établissement, ne soient nuisibles à la généralité des malades, et ne compromettent la réputation de l'établissement lorsqu'il vient des visiteurs.

Il est évident d'abord qu'il faut une salle de bains pour chaque sexe; il doit en exister aussi une différente pour les agités et les tranquilles; s'il y avait des pavillons séparés, il serait également convenable d'avoir, dans chacun d'eux, un cabinet de bain particulier.

Les salles de bains peuvent contenir plusieurs baignoires, à la condition de les séparer par des consoles ou des rideaux, comme à la Salpêtrière, pour que les malades ne puissent pas s'apercevoir et s'exciter mutuellement.

Il y a certaines dispositions tout à fait spéciales à prendre dans la construction des baignoires. Ces dispositions ont pour but d'empêcher les malades de se noyer, de sortir du bain et de pouvoir disposer de l'eau à volonté. En arrondissant les bords des baignoires, de manière à pouvoir y fixer un drap tout autour, auquel vient s'en attacher un autre qui passe sous les bras du malade (procédé préférable aux couvercles que l'on emploie à Bicêtre et à la Salpêtrière), on remplit les deux premières conditions, en empêchant les malades de se noyer et de sortir du bain. Quant à la troisième, on la remplit très-facilement en faisant venir l'eau en dessous de la baignoire, et en soustrayant les robinets à la portée des malades.

Chauffage et éclairage. — Le chauffage et l'éclairage, tout à fait indispensables dans un établissement d'aliénés, doivent présenter certaines conditions particulières qui sont la conséquence inévitable du genre de malades auxquels ces asiles sont consacrés. Ainsi on a à craindre, de la part des aliénés, bien plus que de la part des autres hommes, les dangers du feu soit pour eux-mêmes, soit pour l'établissement.

Sans entrer dans l'examen du meilleur mode de chauffage et d'éclairage, ce qui ne regarde pas le médecin d'aliénés et ce qui serait d'ailleurs tout à fait inutile, attendu que le même système ne peut pas être applicable dans toutes les localités et dans tous les pays, nous dirons, d'une manière générale, que dans chaque établissement le choix du mode de chauffage doit avoir pour but le bien-être des malades, la sécurité de l'établissement, et l'économie ; tout système de chauffage ou d'éclairage qui résume le mieux ces avantages devra avoir la préférence.

Quel que soit le mode que l'on adopte, il devra être accompagné de certaines précautions. Les moyens de chauffage devront être protégés de manière que les malades ne puissent pas s'en approcher de trop près ; les poêles ont besoin d'un entourage en fer, les cheminées d'un grillage : aussi, sous ce rapport, le chauffage au moyen de l'air chaud, de la vapeur, ou de l'eau chaude, présente-t-il de grands avantages.

Les cheminées sont très-agréables à la vue ; mais la dépense considérable, la crainte de l'incendie, malgré les moyens de fermeture, en rendent l'introduction dans les asiles publics presque impossible. Mais, dans les établissements privés, c'est le mode de chauffage que l'on doit adopter de préférence dans les divisions des tranquilles.

Pour l'éclairage, il suffit de le mettre hors de la portée des malades pour éviter tous les dangers. L'éclairage au gaz présente de véritables avantages ; les becs sont situés à une certaine hauteur, et les malades ne peuvent les atteindre ; cependant les dangers que ce mode d'éclairage peut présenter doivent être pris en grande considération, et nous pensons, avec le Dr Girard (1), qu'il ne convient de l'adopter que pour les corridors et l'extérieur, et qu'il faut continuer à se servir, pour les salles de réunion et les dortoirs, de lampes à l'huile.

CHAPITRE III.

DE L'ORGANISATION.

Toute réunion d'hommes réclame une organisation, un ordre et une règle uniformes. Mais, dans les asiles d'aliénés, deux motifs spéciaux les rendent plus indispensables encore : les aliénés ont besoin d'une surveillance constante, qui prévienne les dangers auxquels ils seraient exposés par suite de leur maladie, et ils doivent être placés dans un milieu extérieur, qui exerce sur leur esprit une influence thérapeutique. Ces deux buts spéciaux, administratif et médical, donnent à l'étude de l'organisation d'un établissement d'aliénés une

---

(1) Ouvr. cité, p. 244.

importance toute particulière ; ils sont souvent obtenus par les mêmes moyens, mais souvent aussi des moyens différents sont nécessaires pour atteindre chacun d'eux. Dans tous les cas, le médecin doit toujours avoir en vue de ne jamais sacrifier le but médical au but administratif.

Organiser un établissement d'aliénés, c'est donc régler tout ce qui concerne les aliénés et ceux qui les entourent, sous le double rapport de l'administration et de la médecine ; c'est fixer l'emploi des diverses heures de la journée ; c'est tracer les devoirs et les obligations de chacun ; c'est déterminer les divers genres d'occupation et de distraction, de répression et de restriction, de récompenses et de punitions, applicables aux aliénés ; c'est enfin s'occuper du personnel, du nombre des employés, et de leurs fonctions respectives : telles sont les questions que nous allons successivement examiner dans ce chapitre.

De l'ordre dans un établissement d'aliénés. — L'ordre, dans un établissement d'aliénés, consiste à réglementer : 1° la distribution du temps, depuis le lever jusqu'au coucher ; 2° tout ce qui concerne la tenue et la propreté ; 3° la surveillance ; 4° les visites des médecins ; 5° les visites des étrangers, qu'ils viennent pour les malades ou pour l'établissement.

Tous ces règlements doivent être inspirés par la pensée médicale, en vue du traitement et du bien-être des malades ; ils sont de la plus haute importance.

Chaque homme a besoin d'une règle de conduite ; mais, pour se la donner à soi-même, il faut avoir une raison saine et éclairée, une force de volonté suffisante : ce qu'on ne peut trouver chez les aliénés, qui n'ont plus leur libre arbitre, ni le discernement nécessaire pour apprécier les choses à leur juste valeur, dont la volonté et les sentiments sont altérés, exaltés, déviés de leur état normal, et quelquefois même entièrement annihilés. Il leur faut donc une règle toute tracée. Cette règle doit être claire, positive ; elle doit comprendre tous les actes susceptibles d'être régularisés, soit de la vie intérieure, soit de la vie de relation.

Un règlement entraîne avec lui des conditions d'obéissance et d'empire sur soi-même, sans blesser l'amour-propre et provoquer l'irritation, parce qu'il s'adresse à tous, au lieu de s'imposer arbitrairement à chacun.

Le médecin ne peut trouver de meilleur moyen pour régulariser l'esprit des malades, que celui qui s'applique à toutes les actions de la journée, et qui contient à la fois le précepte et l'application; il ne peut pas en trouver de plus doux, de plus insinuant et de plus sûr. Cela est si vrai, que les aliénés, même incurables, ont, dans leurs actions, les apparences de la raison, lorsque l'établissement est bien ordonné. Pour soumettre les aliénés au règlement de la maison, il n'est pas nécessaire de les tourmenter et de les contraindre; un signal qui leur rappelle ce qu'ils doivent faire à telle ou telle heure, et l'influence de l'exemple, les entraînent à l'obéissance bien plus sûrement que toutes les répressions imaginables.

Pour laisser le moins de prise possible aux idées délirantes, il faut donner de nombreux points d'appui à l'esprit pour les rectifier. Les actes d'une journée soumis à des règles fixes sont comme des jalons plantés dans la voie de la raison; il faut donc soumettre à la règle, dans un asile d'aliénés, toutes les actions de la journée, et chercher à les marquer en quelque sorte par un signe sensible. Les différents actes doivent être diversifiés, de manière à rompre autant que possible la monotonie; à plus forte raison, doit-on veiller à ne pas faire prédominer une chose sur une autre : ainsi le travail sur les récréations, la veille sur le coucher, ou *vice versa*.

On doit attacher une grande importance à la propreté, et toutes les infractions des malades à cet égard doivent être sévèrement réprimées. La propreté doit être non-seulement recherchée et obtenue des malades sur leur personne, mais encore dans tous les objets qui leur servent.

Ils doivent prendre leurs aliments en commun, avoir des serviettes, des cuillers, des couteaux, comme dans la vie privée; seulement les couteaux doivent être arrondis.

Dans certains établissements, les dents des fourchettes n'ont qu'un demi-pouce de longueur, comme à Siegburg; dans d'autres, les couverts sont en bois; il y en a où les agités en sont tout à fait privés, et sont contraints de manger avec leurs doigts. Nous pensons qu'au point de vue de la propreté, il est indispensable de donner des couverts à la généralité des malades, et que, pour les faire rentrer dans la loi commune, on ne doit pas chercher des formes bizarres qui n'auraient pas grand avantage, et qui éveilleraient mal à propos leurs soupçons et exciteraient leur irritabilité.

Tous ces soins ont pour but de rapprocher les aliénés de la vie usuelle, ce qui n'empêche pas de pourvoir aux besoins de la spécialité dans les cas où cela devient tout à fait indispensable: ainsi, s'il y a impossibilité de donner des couverts à certains malades exceptionnels, il faut alors les faire manger. Il est nécessaire, pour certains malades dangereux, de visiter leurs poches le soir, pour en ôter les divers objets qu'ils ont pu y accumuler pendant le jour; il faut leur enlever leurs habits pendant la nuit, afin d'éviter qu'ils ne les déchirent, ou qu'ils ne s'en servent comme moyens d'évasion ou de suicide.

Dans l'emploi des diverses heures de la journée, la surveillance doit être de tous les instants, en évitant toutefois de la rendre importune; la surveillance de nuit est aussi indispensable, et il doit y avoir un certain nombre de veilleurs. Les serviteurs doivent être, aux yeux des malades, plutôt destinés à les servir qu'à les commander; ils ne doivent pas les contredire formellement, et encore moins flatter leurs idées: ce juste milieu, qui est très-difficile à obtenir, surtout de serviteurs qui n'ont pas reçu d'éducation, doit être cependant le but auquel il faut s'efforcer d'arriver.

Un médecin doit visiter les aliénés au moins une fois par jour, et de préférence le matin. Au lieu de faire la visite dans les dortoirs comme pour les autres malades, et comme on le fait dans quelques établissements, il vaut mieux les visiter quand ils sont réunis dans les ateliers; là il est plus facile de juger de leur état mental, d'apprécier d'un coup d'œil l'ensemble des malades, et de s'arrêter particulièrement auprès de ceux qui méritent de fixer l'attention.

Les relations des malades avec le monde extérieur, avec leurs parents et leurs amis, doivent être l'objet d'une attention spéciale, et le médecin seul peut déterminer l'époque, le sujet et la durée des entrevues.

Si l'on doit interdire l'entrée de l'établissement aux personnes qui n'y sont attirées que par la curiosité, on doit s'empresser d'en ouvrir les portes à tous ceux qui sont animés de zèle pour la science et l'humanité.

La correspondance est presque toujours, pour les aliénés, une cause d'excitation et d'entretien de leur délire; en effet, la contention de l'esprit, surtout dans le sens du délire, est moins propre à calmer qu'à exciter : aussi ne doit-on pas en général autoriser les aliénés à correspondre, ou du moins à le faire fréquemment. Mais il est certains cas où, au lieu d'une cause d'excitation, les malades y trouvent une dérivation salutaire; d'ailleurs c'est pour le médecin un moyen excellent d'apprécier leur état mental, et de constater le trouble de leur intelligence et de leurs sentiments; car, si quelquefois on remarque, dans ces écrits, l'absence de toute idée délirante, c'est un fait exceptionnel, qu'on ne peut expliquer que par l'effort momentané que le malade a été obligé de faire pour rassembler ses idées.

Des occupations et des distractions des aliénés. — Depuis que Pinel (1) a fait ressortir les heureux effets du travail dans les asiles, tous les médecins sont d'accord pour le regarder comme un des principes les plus importants du traitement des aliénés, et de l'or-

(1) *Traité médico-philosophique sur l'aliénation mentale*, p. 237.

ganisation des établissements qui leur sont consacrés ; en effet, n'est-ce pas la meilleure manière de régler leur vie, de fixer leur attention, de faire diversion à leur délire, de donner à leurs facultés une direction positive bien déterminée, en un mot de régulariser leurs fonctions physiques et morales ?

Pour les curables, l'occupation est un moyen puissant de guérison, et aux incurables, elle procure le calme et tout le bien-être compatibles avec leur situation mentale. Dans tous les cas, c'est un frein salutaire, qui empêche les mauvaises habitudes de se glisser dans les asiles, et d'y corrompre les malades.

Mais quel genre d'occupation choisira-t-on pour les aliénés ? Consultera-t-on uniquement leur goût, ou bien leur imposera-t-on un travail spécial ?

Si l'on doit ordinairement consulter le goût des malades, ce ne doit pas être une règle invariable ; car, indépendamment des cas où cette occupation pourrait leur être nuisible, il y a certaines circonstances où il peut être très-utile de les contraindre à un genre de travail qui ne leur soit pas agréable, parce qu'il peut exercer plus activement leur facultés, et faire ainsi une diversion plus forte à leurs idées délirantes. Dans tous les cas, ce n'est jamais le profit que l'établissement peut retirer du travail des aliénés que l'on doit considérer, ainsi qu'on le fait trop souvent, mais bien l'influence que peut exercer un genre particulier de travail sur une série particulière d'idées : aussi ne saurait-on trop flétrir la conduite du fermier écossais dont parle Gregory (1), qui exploitait les aliénés pour la culture de ses terres, et qui les employait à l'instar des bêtes de somme.

La crainte d'un dommage ou d'une perte pécuniaire ne doit pas non plus empêcher de confier un travail aux aliénés, parce qu'ils ne s'en acquitteraient pas d'une façon régulière. On doit toujours donner un but utile et attrayant aux occupations, de manière à encou-

(1) Pinel, ouvr. cité, p. 312.

rager les aliénés, à exciter leur zèle; il convient même d'y joindre, autant que possible, un travail de l'esprit; car il ne faut pas se borner à occuper leurs mains, il faut encore chercher à fixer leurs idées et leurs sentiments.

Le travail des champs est celui qui réunit le plus d'avantages : il est varié, offre des résultats apparents, agréables et productifs; il fatigue le corps, dérive l'excitabilité, provoque l'énergie de l'action cutanée, favorise la nutrition et procure le sommeil; il récrée l'esprit, l'attire vers les objets extérieurs, suspend les divagations de l'imagination, s'oppose à la concentration des idées, et leur donne une direction positive.

Malheureusement le travail des champs n'est applicable ni dans tous les temps ni à tous les aliénés : ainsi il y a des jours, des saisons, où il serait tout à fait nuisible et même impossible, par exemple, dans les grandes chaleurs, les grands froids, les temps de pluie. De plus, quoi qu'en disent certains médecins, entre autres Jacobi et Roller, il n'est pas applicable à toutes les classes de la société, et la plupart des malades riches s'y refusent positivement. Cependant, dans certains cas, par exemple dans l'établissement de Glocester, on est parvenu à faire travailler quelques malades riches, en leur donnant la satisfaction de faire servir à leur table les produits du petit jardin cultivé par eux (1).

Les travaux artistiques sont moins à la portée de la généralité des aliénés; les localités néanmoins apportent à cet égard de grandes différences : ainsi certains établissements d'Angleterre, et principalement l'asile de Wakefield, sont transformés en véritables manufactures. Le tissage, la fabrication des tapis, des paniers, des nattes, sont en pratique dans beaucoup d'établissements.

En proportionnant pour chaque malade, même pour les déments, les difficultés du travail au degré de leurs aptitudes, et en utilisant

---

(1) Ray, journ. cité, p. 362.

les forces les plus minimes vers un but commun, on arrive à des résultats considérables; et nous citerons comme exemple la quantité de travail que font les aliénées à l'hospice de la Salpêtrière, qui est un des premiers asiles français où le travail ait été en honneur.

On ne saurait trop varier les moyens d'occupation, pour satisfaire à toutes les exigences; mais on doit choisir de préférence, dans chaque établissement, ceux qui sont le plus en rapport avec la sécurité, les mœurs du pays, l'ordre de la maison et l'utilité que l'on peut en retirer.

En dehors des travaux des champs et des métiers qui rapportent quelque profit, on a préconisé certains amusements, tels que les jeux de paume, de ballon, de volant, de boules, qui sont très-propres à distraire, à captiver l'esprit et à fatiguer le corps. Nous en dirons autant du billard et de la danse : appliqués par un médecin habile et des auxiliaires intelligents, toutes ces distractions peuvent avoir une heureuse influence sur la guérison des maladies mentales.

Accepterons-nous de même le moyen imaginé par Reil (1) et tant vanté par Horn (2), moyen qui consiste à transformer les aliénés des deux sexes en soldats et à leur faire faire des exercices militaires, ainsi qu'on l'a pratiqué longtemps à Sonnenstein? Ces exercices, qui sont peut-être en harmonie avec les mœurs de la Prusse, nous semblent tout à fait déplacés dans un asile d'aliénés français. Appliquée aux femmes, une telle occupation nous paraît vraiment ridicule.

Travaux des femmes. — Plusieurs des travaux des hommes peuvent convenir aux femmes, la culture des champs par exemple;

---

(1) *Rhapsodien*, p. 240.

(2) *OEffentliche Rechenschaft*, p. 251.

mais en général on doit préférer pour elles les occupations réservées ordinairement aux femmes dans l'intérieur des maisons : ainsi on peut les employer dans tout ce qui concerne la couture, la buanderie, la lingerie, la cuisine.

Dans la haute classe, on ne peut guère occuper les femmes qu'aux travaux qui leur sont habituels dans la société ; aussi doit-on chercher à y suppléer par des promenades à pied, à cheval, en voiture, par la danse, les cartes, et surtout la musique.

Musique. — Certains médecins ont attribué à la musique des effets merveilleux ; ils ont cru qu'elle pouvait produire une amélioration complète et durable chez les aliénés en général. Tout en considérant ces résultats comme exceptionnels, nous croyons que la musique peut être rangée en première ligne parmi les occupations agréables et les distractions utiles ; aussi doit-on, dans un établissement, avoir des instruments de musique et surtout exercer les malades au chant, qui a l'avantage d'occuper à la fois un grand nombre de personnes. C'est principalement dans les établissements consacrés à la haute classe que la musique offre de grandes ressources ; c'est, pour les femmes, l'occupation la plus agréable et la plus utile, et elle sert de distraction aussi bien à ceux qui écoutent qu'à ceux qui exécutent.

Spectacles. — Dans les établissements de Charenton, d'Aversa, et de Sonnenstein, on a eu autrefois la singulière idée de faire jouer aux aliénés des pièces de théâtre, et, au dire de Reil (1) et de Schweigger (2), rien ne serait plus propre à attirer l'attention des malades et à produire sur eux une heureuse impression, surtout si on composait les pièces de manière à déverser le ridicule sur les

---

(1) *Rhapsodien*, p. 246.

(2) *Ueber kranken und armen Anstalten zu Paris*, etc., p. 11 à 15 et 19 à 27.

idées délirantes des aliénés. Nous pensons, avec Esquirol (1), Nostitz (2), Frank (3), Roller (4), et Guislain (5), que ces pièces peuvent avoir beaucoup plus d'inconvénients que d'avantages, et qu'il faut tout à fait y renoncer. Quant à conduire les aliénés aux théâtres des villes, on ne doit le faire que pour quelques malades exceptionnels, et l'on ne peut ranger ce moyen parmi les distractions habituelles des aliénés en général.

Certains jeux qui exigent des combinaisons, tels que les cartes, les dames, les échecs, peuvent être utiles pour occuper et distraire certains aliénés, à la condition qu'ils ne se prolongeront pas trop longtemps.

Les occupations intellectuelles sont utiles, comme moyens de distraction, de la même manière que les occupations physiques, et en Amérique (6) ce sont presque les seules auxquelles on ait recours; mais elles demandent beaucoup de circonspection dans leur application. On doit éviter les travaux qui pourraient trop fatiguer l'esprit ou le diriger dans le sens du délire; l'étude de l'histoire naturelle, des langues vivantes, de la musique, du dessin, méritent la préférence. On doit y joindre des lectures faites à haute voix dans des ouvrages choisis avec soin, moyen dont l'application a surtout reçu une grande extension dans les nouveaux asiles des États-Unis.

Des écoles et des réunions. — Les écoles et les réunions sont les plus heureuses applications des occupations intellectuelles. En faisant apprendre aux aliénés en commun la lecture, l'écriture, le dessin, la musique, des morceaux choisis des meilleurs auteurs, on

---

(1) Art. *Folie*, p. 228.

(2) Ouvr. cité, p. 340, 342.

(3) *Præcepta*, p. 794.

(4) Ouvr. cité, p. 206.

(5) Ouvr. cité, p. 277.

(6) Ray, ouvr. cité, p. 361.

fixe leur attention d'une manière prolongée, constante, sur des objets réels, positifs, et tout à fait étrangers à leur délire : au lieu de les occuper chacun en particulier, sans d'autre moyen de les captiver que l'intérêt qu'ils peuvent avoir pour l'objet de leurs études ; en les réunissant pour qu'ils apportent devant leurs compagnons le fruit de leurs efforts, on les rend plus attentifs, on augmente leur zèle par le but plus attrayant qu'on leur donne, et on stimule leur émulation par la présence du médecin et d'un public plus ou moins nombreux. Les malades qui écoutent en retirent aussi certains avantages ; ils sont encouragés par l'exemple de leurs compagnons, ils exercent plus d'empire sur eux-mêmes pour comprimer les élans de leur folie aux yeux de ceux qui les entourent, ils s'appesantissent moins sur leurs idées fausses en voyant ou en entendant des choses qui captivent leur attention.

Les réunions ont donc l'avantage de produire une diversion générale, d'occuper tous les aliénés à la fois et de les faire contribuer à leur guérison mutuelle.

En présence d'un grand nombre de malades, le médecin peut agir plus fortement sur un individu que lorsqu'il est seul avec lui ; un signe, une parole, un encouragement donnés en public, exercent une influence bien plus heureuse, et une réprimande n'a pas besoin d'être aussi sévère pour être plus efficace. Les réunions, en rendant plus fréquents les rapports des malades entre eux, en les forçant à une plus grande sociabilité, ont l'avantage d'aviver et de mieux diriger les facultés affectives si souvent altérées dans la folie. Les écoles et les réunions ne sont pas moins utiles pour entretenir l'ordre dans l'établissement par l'habitude que les malades y contractent d'être soumis à une règle commune. Le médecin, en voyant les aliénés plus longtemps et dans de nouveaux rapports, peut alors remarquer chez eux des manifestations qui sans cela ne se seraient pas produites ou seraient passées inaperçues, et il y trouve l'occasion la plus favorable d'introduire dans l'esprit et le cœur de l'aliéné les dispositions qu'il juge les plus convenables. En admettant même que ces écoles et ces réunions n'aboutissent pas directement à la guérison, ne serait-ce pas déjà beaucoup de faire passer ainsi plusieurs heures agréables à des malheureux, de faire trêve à la monotonie de leur existence, et de leur donner une occupation qui puisse les distraire de leurs idées pénibles ?

En résumé, les réunions, en habituant les aliénés à une obéissance de chaque instant, à l'empire sur eux-mêmes, et en multipliant les rapports entre eux, augmentent la sociabilité, l'autorité du médecin, l'ordre de l'établissement, facilitent le traitement individuel, et constituent un des meilleurs moyens de mettre en pratique le principe de la *diversion au délire*, principe fondamental du traitement des maladies mentales.

La réunion des malades des deux sexes dans de petites fêtes, à différentes occasions, avec les familles des hauts employés, peut aussi avoir de bons résultats, pourvu que les malades soient choisis avec discernement et surveillés attentivement. En effet, elles favorisent la sociabilité, pour laquelle les aliénés ont naturellement peu de goût, quoi qu'en disent Nostitz (1) et Gœrgen (2), qui prétendent que l'analogie et l'identité de leur sort les pénètrent d'attachement les uns pour les autres; ensuite le rapprochement d'aliénés de sexes différents peut avoir la plus grande influence sur la guérison de certaines formes de maladies mentales, et ce n'est pas sans raison que Rush (3) recommande la société des femmes aux hyponchondriaques et aux mélancoliques; aussi serait-il à désirer que, dans les établissements d'aliénés, certains malades puissent être soignés par des personnes d'un sexe différent.

Des répressions et des restrictions dans un asile d'aliénés. — Autrefois la crainte et les préjugés ont fait employer à l'égard

(1) Ouvr. cité, t. 1, p. 200 et 338.

(2) *Private Heilanstalt*, etc., p. 18 à 20.

(3) Traduction allemande, p. 94.

des aliénés les moyens les plus barbares ; on les chargeait de chaînes, on les renfermait dans les cachots les plus horribles, et on leur apportait leur nourriture comme à des pestiférés, sans oser en approcher. En agissant ainsi, on ne faisait qu'augmenter leur violence et exciter leurs mauvais penchants. C'est à l'illustre Pinel que revient la gloire d'avoir brisé les chaînes de ces infortunés, et d'avoir substitué le premier les voies de la douceur au régime de la force, de la violence et de l'intimidation ; malheureusement son exemple ne fut pas complétement suivi, surtout à l'étranger. Toujours effrayés des dangers que couraient ou faisaient courir aux autres les aliénés, ceux qui leur donnaient des soins inventèrent mille moyens destinés à réprimer et à maîtriser leurs mauvais penchants. C'est ainsi que l'on vit paraître successivement.

Comme moyens mécaniques : pour les *bras*, les gants sans doigts de Parkmann (1), la ceinture de cuir de Reil (2), la ceinture et les menottes en métal d'Haslam (3), le manchon à poches et les manches de Knight (4), la ceinture de l'asile de la Retraite près d'York (5) ; pour les *jambes*, les courroies de Reil (6), les menottes (*Fusschellen*) de Ruer (7), les longes à boucles de Nostitz (8), le pantalon à longues jambes (*Beinkleider*) de Reil (9), le sac avec une séparation mé-

(1) *Journal de Nasse*, p. 413 ; 1810.

(2) *Rhapsodien*, p. 385.

(3) Esquirol, art. *Maisons d'aliénés*, p. 88.

(4) Traduction d'Engelken, p. 89 à 91.

(5) Tuke, ouvr. cité, p. 226.

(6) *Fieberlehre*, p. 460.

(7) *Journal de Nasse*, p. 80.

(8) Nostitz und Jaenckendorf, ouvr. cité, p. 287.

(9) *Fieberlehre*, 460.

diane (1), le pantalon cousu jusqu'au genou de Neumann (2); pour la *bouche*, le masque de cuir d'Autenrieth (3), et le corps pyriforme (Birne); pour le *corps tout entier*, le sac (4), le panier en osier de Charenton (5), le berceau de force (6), la caisse à pendule de Hayner (7), la corde de Horn (*das Stohen am Taue* (8), le fauteuil de force (9).

Comme moyens généraux : la chambre d'Autenrieth (10), la chambre obscure, la chambre matelassée, la machine rotatoire de Darwin, le fauteuil suspendu de Cox (11), la natte suspendue de Hallaran (12), la roue cave d'écureuil (*hohle rad* de Hayner) (13), la balançoire de Chiaruggi, la douche, le bain de surprise.

La simple énumération de tous ces moyens de restriction et de répression suffit pour en faire sentir toute l'horreur ; mais nous devons dire, à l'honneur de notre siècle et de notre pays, que la plupart de ces moyens sont aujourd'hui complétement bannis des établissements français, et que plusieurs n'y ont même jamais existé; les seuls qui soient maintenant en usage sont la *camisole* pour les bras, les *entraves* pour les pieds, et le *fauteuil de force* pour le corps. En Angleterre surtout, l'on a pu voir, jusque dans ces derniers temps, un

---

(1) Horn, ouvr. cité, 241.

(2) Neumann, *die Krankeiten*, etc., p. 254.

(3) Antenrieth, *Ueber die in Klinikum zu Tubingen*, p. 223.

(4) Horn, ouvr. cité, p. 227.

(5) Guislain, ouvr. cité, t. 2, p. 263.

(6) Neumann, ouvr. cité, p. 250.

(7) *Journal de Nasse*, p. 350 ; 1818.

(8) Horn, ouvr. cité, p. 239.

(9) Reil, *Fieberlehre*, p. 459.

(10) Autenrieth, ouvr. cité, p. 212.

(11) Cox, trad. allemande de Reil, p. 158.

(12) Guislain, ouvr. cité, 376.

(13) *Journal de Nasse*, p. 339.

grand luxe de moyens de restriction, et c'est en réagissant contre cet abus qu'on est arrivé au fameux système du *non restraint*, qui, appliqué pour la première fois en 1838 dans l'asile de Lincoln, par le Dr Hill, et en 1839 à Hanwell, par le Dr Conolly, s'est étendu, grâce aux efforts persévérants de ce savant médecin, à un grand nombre d'asiles, à Northampton, Suffolk, Gloucester, Lancaster, Ipswich, Worcester, en Angleterre; dans ceux de Montrose, Dundee, Dumfries, en partie dans ceux d'Édimbourg et de Glascow en Écosse; à Belfast et à Clonmel en Irlande.

Ce système, qui est regardé comme une utopie par certains médecins, a subi, de la part de plusieurs autres, les reproches les plus graves; on a prétendu que le *non restraint* n'était qu'un autre mode de répression encore plus pénible pour les malades que la camisole, le fauteuil et les entraves, sans donner des résultats aussi satisfaisants sous le rapport de la sécurité, et on lui a attribué des désordres et des accidents très-graves. On a prétendu qu'il ne permettait pas de laisser les malades jouir de l'air extérieur; que la force des gardiens et la réclusion étaient plus propres à irriter et moins faciles à appliquer que les moyens mécaniques. Quant à nous, sans nous prononcer formellement en faveur du système du *non restraint*, nous ne pouvons nous empêcher de rendre hommage à la pensée philanthropique qui l'a dicté, et aux hommes de talent qui s'en sont faits les propagateurs, et qui l'ont si bien réalisé. Quand bien même ils n'auraient pas obtenu un résultat complet, ils auront toujours rendu un immense service à la cause des aliénés, en faisant cesser les mauvais traitements dont ces malheureux étaient l'objet, dans un pays où les moyens de restriction ont été si longtemps employés d'une manière vraiment abusive.

L'expérience a démontré aujourd'hui que c'est en raison directe de la diminution des moyens de rigueur et de contrainte, que les aliénés agités ont diminué dans les asiles, que le chiffre des agités, d'abord abaissé par Pinel à 20 ou 30 sur 100 en Europe, l'est maintenant à 5 ou 6 au plus sur 100. S'il y en a encore un si grand nombre en Amérique (1), cela tient sans doute à ce que l'on abuse des restrictions, à ce que les aliénés sont encore enfermés dans des cellules, et n'ont pas de cours pour se promener. Nous ne voyons plus aujourd'hui de ces aliénés auxquels une fureur sans borne ne laissait aucune rémission: c'est que la bienveillance et la douceur, la sympathie et la persuasion, exercent plus d'empire sur l'esprit des aliénés que les moyens de rigueur et de contrainte ; elles provoquent la confiance et la réflexion ; elles vivifient la volonté, activent les sentiments les plus élevés, et deviennent la source des meilleures résolutions, et les mobiles de toutes les améliorations. Dans le gouvernement des établissements d'aliénés, ceux qui ont recours à la force brutale et à la violence donnent la preuve de leur impuissance morale; ils dégradent la dignité de l'homme, ils font naître les plus mauvais instincts, étouffent les plus nobles sentiments, et ils mériteraient plutôt d'être traités comme des aliénés dangereux, que d'être appelés à les gouverner.

Tout en proscrivant d'une manière générale les moyens de rigueur à l'égard des aliénés, nous reconnaissons cependant qu'il y a certains cas, très-exceptionnels à la vérité, où l'on est obligé d'employer des moyens particuliers pour empêcher les aliénés de nuire aux autres et de se nuire à eux-mêmes : ainsi certains malades, ayant la conscience d'un accès prochain, demandent eux-mêmes à ce qu'on les empêche de faire du mal; d'autres déchirent et brisent tout ce qui les entoure, se déshabillent sans cesse, se heurtent la tête contre les murailles et contre les arbres, et cherchent tous les moyens de se donner la mort. Dans ces différents cas, qui, je ne crains pas de le dire, sont excessivement rares dans les établissements d'aliénés bien organisés, et peuvent même ne pas s'y présenter, on a à choisir entre les moyens mécaniques, tels que la camisole, le fauteuil

(1) Ray, journal cité, p. 342.

de force et les entraves, et les moyens généraux, tels que les chambres matelassées, les chambres obscures, qui constituent une partie du système du *non restraint*, et les cours en plein air, que nous avons proposées comme annexes à la division des agités, et où les malades peuvent être complétement isolés et jouir pourtant des avantages de l'air extérieur. Quels que soient les moyens que l'on emploie, ils ne doivent être que momentanés et cesser aussitôt que l'accès est passé, et qu'ils ne sont plus commandés par une impérieuse nécessité.

DES RÉCOMPENSES ET DES PUNITIONS DANS UN ÉTABLISSEMENT D'ALIÉNÉS. — L'idée de récompenses et de punitions ne paraît pas, au premier abord, applicable aux aliénés, puisqu'elle suppose la liberté morale qui n'existe pas chez eux ; mais, s'ils ne sont pas responsables de leurs actions, la maladie n'a pas effacé en eux toute trace de la nature humaine, et ils sont encore susceptibles, comme les enfants, d'exercer un certain empire sur eux-mêmes. En les récompensant et en les punissant, ce n'est pas au passé que l'on s'adresse, mais bien à l'avenir ; on leur donne un point d'appui pour les empêcher de retomber dans la même faute, on les dispose à la réflexion, et on contribue ainsi puissamment à leur guérison.

Dans un établissement bien organisé, l'échelle des récompenses et des punitions doit être très-étendue, et on ne doit généralement mettre en usage que les degrés les plus inférieurs, se réservant toujours, pour les cas exceptionnels, la possibilité d'en monter graduellement les échelons.

Tout peut devenir un moyen de récompense dans un asile d'aliénés. Il faut étudier avec soin la diversité des caractères et des goûts des malades, afin de pouvoir leur donner la récompense la plus agréable et la plus féconde en bons résultats : ainsi, pour les uns, ce sera un aliment qui ne fait pas partie du régime habituel ; pour les autres, du tabac, une liberté plus grande, une habitation plus confortable, le changement de section, des habits plus soignés, certaines douceurs, certaines lectures, certains amusements, des promenades à l'extérieur, un peu d'argent; mais, pour cette dernière espèce de récompense, il faut être très-circonspect, parce que les malades peuvent en abuser pour séduire les domestiques et se faciliter des moyens d'évasion; cependant, ce ne doit pas être une raison suffisante pour se priver complétement de ce moyen d'action, qui peut avoir une grande influence sur les malades de la classe pauvre, et qui peut leur être utile pour alléger leur position non-seulement pendant leur présence à l'établissement, mais encore à leur sortie.

En admettant le principe des punitions chez les aliénés, nous ne saurions trop en flétrir l'abus, et repousser avec trop d'indignation les châtiments corporels, tels que les coups de nerfs de bœuf, les soufflets, les coups de baguette, mis en usage dans un but thérapeutique par certains médecins, tels que Reil et Heinroth. Le médecin seul a le droit d'infliger une punition; il doit en donner les motifs au malade, lui faire comprendre qu'à son grand regret il y est contraint par l'ordre de la maison et l'intérêt de sa guérison; mais il est bon qu'il s'absente pendant l'exécution, il ne doit apparaître que pour en tempérer la rigueur ou la faire cesser complétetement, si le malade promet de faire des efforts pour ne plus retomber dans la même faute. Souvent même le médecin doit feindre de ne pas apercevoir certains actes pour n'avoir pas à les punir. Tous les moyens de répression et de restriction peuvent servir de moyens de punition, mais nous croyons qu'en général on doit les éviter; à quoi bon employer des moyens de rigueur lorsqu'il suffit d'une parole un peu sévère, d'une menace, d'un changement de division, pour agir puissamment sur l'esprit de la plupart des aliénés, et pour les prémunir contre une nouvelle faute?

Du personnel d'un établissement d'aliénés. — *Du médecin et du directeur*. Tous les faits qui concernent les aliénés dans un établissement étant intimement liés entre eux, toutes les mesures que peut prendre l'administration étant de nature à influencer le moral de ces malades, toutes les circonstances dont ils sont environnés constituant une partie essentielle du traitement moral, il ne saurait y avoir, sans grave inconvénient, dans un établissement d'aliénés, une autre autorité que celle du médecin. Aussi, en laissant au ministre de l'intérieur la faculté de séparer les pouvoirs administratifs et médicaux, et de créer des directeurs et des médecins, la loi de 1838, d'ailleurs si éminemment utile dans son ensemble, a-t-elle été très-nuisible, sous ce rapport, aux asiles d'aliénés. Malgré les tristes conséquences de cette séparation de pouvoirs qui est devenue une source de conflits et de luttes continuelles, l'autorité n'en a pas moins persévéré à vouloir séparer ce qui ne saurait l'être, et dernièrement encore nous avons vu créer un directeur à l'établissement de Fains, où jusqu'alors les deux pouvoirs avaient été réunis entre les mains du médecin. C'est avec la plus vive peine que nous venons de voir, dans un récent décret qui menace d'être si fatal aux asiles d'aliénés, le gouvernement non-seulement consacrer de nouveau ce principe, mais encore donner une infériorité relative au médecin, en laissant au préfet la faculté de le nommer, et en se réservant tous les droits sur le directeur.

Si tous les employés, sans exception, ne sont pas soumis au médecin pour tout ce qui concerne l'établissement, il ne peut y avoir unité de vue, et sans unité il n'est pas possible d'établir une organisation durable et bienfaisante; si les employés ne sont pas convaincus de l'autorité suprême du médecin, s'ils entrevoient un pouvoir rival ou supérieur, leur concours sera faible et vacillant, leur conduite sans cesse faussée, l'ordre de l'établissement compromis à chaque instant, et au milieu de cette division de pouvoir, l'aliéné manquera de la direction qui lui est indispensable, et trouvera moyen d'échapper aux prescriptions de la médecine ou du règlement, au lieu de réfréner ses penchants et d'exercer un empire salutaire sur lui-même.

On n'a qu'à examiner ce qui se passe dans les asiles français où le médecin n'est pas directeur, pour être convaincu de la nécessité de réunir tous les pouvoirs entre les mains d'un médecin directeur ; la nature des choses, encore plus que le caractère individuel, fait naître entre le médecin et le directeur des conflits et des luttes continuelles qui se terminent ordinairement par le changement de l'un des deux, pour recommencer de nouveau au bout de quelque temps.

En Allemagne les deux pouvoirs sont réunis entre les mains du médecin ; on en sent, à chaque instant, les heureux effets. Pourquoi n'en serait-il pas de même en France ? Pourquoi certains asiles auraient-ils encore un directeur et un médecin, alors que d'autres ont déjà un médecin directeur ?

On prétend que confondre les fonctions de médecin en chef, de directeur, dans la même personne, c'est s'exposer à n'avoir que des administrateurs médiocres ou des médecins peu versés dans la théorie ou la pratique de leur art ; on dit aussi que cette mesure peut être applicable aux petits établissements, mais qu'elle ne saurait l'être aux grands, à cause de l'étendue du travail qui se trouverait confié à une seule personne. Toutes ces objections ne sont pas sérieuses ; si on ne peut être à la fois bon administrateur et bon médecin, pourquoi confier la direction de certains établissements à des médecins ? Il faut être logique et supprimer alors complétement les médecins directeurs. Mais comment donc font les Allemands, qui ont à la tête de leurs établissements des médecins aussi distingués que Roller, Jacobi, Damerow, Flemming, etc., qui sont en même temps d'excellents administrateurs ?

Quant à l'étendue du travail, il est très-facile d'y remédier en donnant au médecin en chef des auxiliaires subordonnés ; on laisse ainsi au médecin l'unité de direction, et on lui enlève la difficulté de l'exécution.

Des domestiques. Les employés auxquels est confiée la garde des malades sont peut-être ceux dont le choix réclame le plus d'attention. Placés constamment auprès d'eux, ils sont non-seulement appelés à les empêcher de nuire aux autres et à eux-mêmes, à leur faire prendre les médicaments ou les aliments prescrits, à maintenir la régularité et l'ordre dans la maison, en les faisant obéir, sans cependant paraître leur commander, mais encore ils sont destinés à être les agents du traitement moral, et pour cela ils doivent se pénétrer des idées et des sentiments du médecin. Leurs fonctions sont tellement importantes, qu'ils auraient besoin, pour les remplir convenablement, des meilleurs dons de l'esprit et du cœur. L'impossibilité de trouver tant de qualités réunies dans une classe de la société qui n'a pas reçu les bienfaits de l'éducation a fait préférer, pour cet emploi, les sœurs de charité : ainsi plusieurs établissements français ont leur personnel emprunté aux congrégations religieuses. Ce système présente de grands avantages : les sœurs ont en général plus de patience, de discernement et d'amour de leurs devoirs, que les employés ordinaires ; elles ont plus d'éducation et d'instruction, elles peuvent remplir également leurs fonctions auprès des femmes et des hommes, et rendre même plus de services dans cette dernière division, où la différence des sexes donne toujours une grande influence. La seule objection que l'on puisse faire contre l'introduction des sœurs dans les asiles d'aliénés, c'est la crainte, si souvent réalisée, que leur mode d'organisation ne les dispose davantage à suivre leur propre impulsion que celle du médecin. Cet inconvénient s'est montré dans toute sa force à propos des congrégations d'hommes, qui en général n'ont pas aussi bien réussi dans les établissements d'aliénés que les communautés de femmes.

Nous pensons avec Jacobi (1) que pour des motifs d'économie on ne doit pas préférer pour domestiques, comme on l'a fait pendant quelques années à Sonnenstein, et comme le veulent Pienitz neveu (2) et Leupoldt (3), des femmes ou des hommes ayant subi une condamnation judiciaire.

(1) *Sammlungen*, t. 1, p. 231.

(2) Dissert. inaug., p. 24.

(3) *Ueber wohlfeile*, p. 22

Quoi qu'en disent Pinel (1), Esquirol (2), Guislain (3), qui prétendent que les anciens malades sont plus dociles et plus compâtissants, et que leur exemple donne du courage et de la confiance aux aliénés, nous sommes d'avis qu'il ne faut pas, comme en Hollande, les choisir exclusivement pour domestiques, et qu'on ne doit le faire que par exception.

En prenant les domestiques des aliénés dans la classe ordinaire des serviteurs, on doit apporter dans leur choix la plus grande attention. Ils doivent être d'un âge mûr, d'une forte constitution ; il est préférable qu'ils ne soient pas mariés, pour qu'ils soient tout entiers à leur service.

Dans les établissements français, il n'y a qu'un domestique pour dix ou vingt malades ; tandis qu'en Allemagne il y en a un pour huit, et quelquefois pour cinq, comme à Prague. En Angleterre, la proportion est à peu près la même qu'en France ; mais il faut remarquer que les domestiques n'ont qu'à surveiller les malades, et qu'il y en a d'autres pour le service intérieur. Ce système, qui présente certains avantages, et entre autres celui de choisir, pour surveiller les malades, des employés mieux élevés, puisqu'ils ne remplissent pas les fonctions de serviteurs, a l'inconvénient d'enlever la responsabilité du matériel, de la propreté et de l'entretien, à ceux qui, par leur présence continuelle auprès des malades, devraient en avoir la plus grande part.

Nous ne saurions trop nous élever contre la pensée d'économie qui fait quelquefois diminuer outre mesure le nombre des domestiques : ainsi, à la Salpêtrière, au lieu d'avoir une fille de service pour dix aliénées, ainsi que le veulent les règlements, il y en a à peine une pour dix-sept ou dix-huit malades.

---

(1) Ouvr. cité, p. 226 et 304.

(2) Art. *Maisons d'aliénés*, p. 82.

(3) Ouvr. cité, p. 250.

Le *salaire* des employés qui ont soin des aliénés doit être à peu près le même dans chaque pays que celui des domestiques ordinaires, et nous ne saurions trop blâmer la parcimonie de l'administration des hôpitaux, qui, dans une grande ville comme Paris, où tout est plus cher que dans le reste de la France, n'accorde aux filles de service de la Salpêtrière que la modiqne somme de 10 à 12 fr. 50 cent. par mois. Le salaire doit augmenter d'après la durée du service et la conduite des domestiques.

Burrows (1) et Haslam (2) ont proposé d'établir dans chaque établissement un fonds de caisse sur lequel chaque domestique aurait une prétention annuelle, et dont la valeur serait en raison de la longueur du service ou de la gravité des blessures qu'il aurait reçues dans l'établissement. En Allemagne, on fait une pension aux vieux serviteurs et à ceux qui sont infirmes par suite de leurs services; nous voudrions voir suivre cet exemple en France, et apporter des améliorations dans le sort d'employés qui ont une si grande importance dans un asile d'aliénés, et qui ont été si négligés jusqu'à ce jour.

Nous ne saurions trop approuver l'idée exprimée par Roller (3) et M. Brierre de Boismont (4), de former une institution pour former les employés destinés à garder les aliénés; cette idée a reçu un commencement d'application à Marsberg, d'après Ruer (5), et dans un autre endroit d'Allemagne, au dire de Horn (6). En France, le célèbre Chaptal, en 1810, avait consacré une somme de 12,000 francs par an pour créer une institution dans ce but, et il avait placé à sa

---

(1) *An inquiry*, etc., p. 265.

(2) *Considerations on the moral management*, p. 124.

(3) Ouvr. cité, p. 305.

(4) Ouvr. cit., p. 75.

(5) *Journal de Nasse*, p. 77, 1819.

(6) *OEffentliche*, etc.

tête Mme Deleau, supérieure des sœurs de la Charité ; il serait à désirer que l'on revînt à cette idée.

Des surveillants. Comme intermédiaires entre les domestiques et les médecins, il doit y avoir des employés chargés de veiller sur les domestiques et les malades, de les diriger dans leurs occupations et leurs travaux, et de porter à la connaissance du médecin tout ce qui les concerne. Leur choix est très-important; s'ils sont intelligents, doux, humains, zélés pour les malades, justes pour les serviteurs, ce sont des auxiliaires tout à fait précieux; ils peuvent prévenir beaucoup d'abus et d'irrégularités, et concourir puissamment au bon ordre de l'asile et au succès du traitement. Il doit y en avoir un par division, et ils doivent parcourir continuellement les différentes sections dont se compose leur division.

Il n'y a pas pour les surveillants le même inconvénient que pour les domestiques, à choisir des personnes mariées, et même à employer le mari et la femme dans l'établissement ; en effet, c'est assurer leur séjour dans l'asile, et les prémunir contre le désir de changement, toujours regrettable et souvent funeste, lorsqu'il s'agit d'une fonction aussi importante. En Angleterre, la surveillante en chef a reçu le nom de matrone, et elle joue un grand rôle dans l'établissement ; c'est la fille du célèbre Haslam qui a créé et rempli la première ces fonctions.

Un précepte que les surveillants et les domestiques ne doivent jamais oublier dans leurs rapports avec les aliénés, c'est de ne jamais discuter avec eux ; on ne saurait trop leur recommander le silence : avec les aliénés, il faut *agir* et *peu parler*.

Indépendamment du médecin directeur, de l'économe, et des divers employés et serviteurs chargés de la surveillance des malades, le personnel d'un établissement bien organisé doit encore se composer d'un ou plusieurs médecins, adjoints ou internes, selon la population de l'établissement, et enfin d'employés de tout ordre pour les divers services généraux, tels que la cuisine, la lingerie, la buanderie, etc., pour lesquels du reste on peut souvent utiliser des malades comme auxiliaires. Mais un établissement doit-il également posséder un aumônier? Cela a lieu dans beaucoup d'asiles, principalement en Allemagne, où, par suite de la réunion de malades appartenant à deux religions différentes, l'établissement renferme même un prêtre catholique et un pasteur protestant. Les médecins, qui considèrent l'introduction d'un prêtre dans un asile comme plus nuisible qu'utile aux aliénés, en concluent naturellement que le curé de la paroisse voisine suffit parfaitement pour le petit nombre de malades qui peuvent avoir besoin des secours religieux. Quant à nous, au contraire, nous pensons que, pourvu que le prêtre soit soumis à l'autorité médicale, et qu'il n'agisse que conformément aux avis du médecin, sa présence dans un asile est non-seulement un bienfait religieux pour les malades, mais encore souvent un auxiliaire puissant pour leur traitement.

CONCLUSION.

En exposant les détails de l'organisation intérieure des établissements d'aliénés, nous nous sommes presque renfermé dans le rôle de narrateur, et nous n'avons fait qu'indiquer les principes qui doivent diriger le médecin; nous avons préféré renvoyer à la fin de ce travail les réflexions générales, qui seront comme la conclusion naturelle de notre thèse.

Un établissement d'aliénés, avons-nous dit avec Esquirol, *est un instrument de guérison; entre les mains d'un médecin habile, c'est l'agent thérapeutique le plus puissant contre les maladies mentales.*

Comment un asile d'aliénés peut-il devenir un instrument de guérison applicable aux formes les plus variées de la folie? Pour faire comprendre cette action, il faut d'abord montrer qu'il y a dans l'aliénation des caractères généraux sur lesquels reposent des indications thérapeutiques générales, et prouver ensuite qu'un établissement bien organisé répond à ces indications.

L'aliéné, quel qu'il soit, est tout entier à sa maladie : égoiste, préoccupé uniquement de lui-même, sans sociabilité, il épuise toute son activité dans la *rumination* ou dans la manifestation variée de son état intérieur par des paroles ou par des actes ; il est capricieux, volontaire, et se laisse aller aux écarts de son imagination et aux impulsions de ses penchants.

De là l'indication de modérer cette activité maladive par le repos, de la diriger à l'extérieur sur des objets étrangers à son délire et analogues à ceux qui doivent captiver l'homme raisonnable, de mettre l'aliéné en rapport avec ses semblables, de favoriser la réaction intérieure du malade sur lui-même en développant chez lui toutes les tendances normales pour contre-balancer la puissance des tendances maladives, et de le soumettre à une règle, à un frein, qui, en diminuant les manifestations morbides, enlèvent des aliments à son délire.

Eh bien, sans parler de l'isolement, les établissements d'aliénés, tels qu'ils sont aujourd'hui organisés, répondent à toutes ces indications au moyen de la *vie en commun,* de la *règle,* du *travail,* et du *classement.*

Réunir les aliénés les uns avec les autres, c'est en effet réagir contre leur tendance naturelle à se concentrer en eux-mêmes et développer chez eux le sentiment de sociabilité; c'est les forcer à s'observer par l'influence de l'exemple des autres malades ; c'est provoquer chez eux, par la vue de leurs compagnons d'infortune, un retour favorable sur eux-mêmes, sur leur passé, et leur condition présente.

Les soumettre à une règle uniforme et constante, c'est les empêcher de s'abandonner à tous les écarts auxquels les entraînerait leur maladie; c'est les habituer à la soumission et à l'obéissance ; c'est les forcer à refréner leurs caprices, et à exercer de l'empire sur eux-mêmes.

Les occuper à des travaux variés suivant leur état individuel, leurs aptitudes et leurs goûts, c'est diriger leurs facultés concentrées en eux-mêmes, sur des objets extérieurs étrangers à leur délire, sur des objets analogues à ceux qui captivent l'homme à l'état normal; c'est non-seulement rompre la monotonie de leur existence, c'est encore exercer l'influence la plus favorable sur la direction de leurs idées et de leurs sentiments, et les empêcher de s'exercer d'une manière désordonnée.

Enfin, les classer dans l'intérieur des asiles, en séparant les malades qui exerceraient une influence nuisible les uns sur les autres, c'est éviter les inconvénients qui pourraient résulter de la vie en commun et augmenter beaucoup ses avantages.

Ces différents moyens d'action, réunis aujourd'hui dans un asile d'aliénés bien organisé, paraissent purement administratifs au premier abord, et passent souvent inaperçus; mais ils ont d'autant plus d'influence, qu'ils sont de chaque instant, qu'ils agissent continuellement sur l'esprit du malade, quoique à son insu, et l'entourent comme d'une atmosphère médicale au milieu de laquelle il est contraint de penser et d'agir; c'est là un avantage bien précieux dans une maladie aussi chronique que l'aliénation mentale, et qui réclame des moyens thérapeutiques dont l'action persistante réponde à la longue durée de la maladie elle-même.

L'application de ces principes aux établissements d'aliénés les a complétement métamorphosés : au lieu de voir comme autrefois des malades furieux, vociférant, enchaînés dans des cachots infects ou errant pêle-mêle, abandonnés à l'oisiveté, et se livrant sans contrôle aux actes les plus désordonnés, on est frappé, en entrant dans un établissement, de l'ordre qui y règne, des apparences de calme et de raison de ses habitants, et il est impossible de ne pas être convaincu qu'un résultat immense a été obtenu dans l'amélioration du sort des aliénés. Mais est-ce là l'idéal de la perfection, et doit-on s'imaginer que lorsqu'on a mis l'ordre dans un asile, qu'on y a établi une règle invariable, quand on est parvenu à occuper les aliénés, on a fait pour le traitement de ces malades tout ce qu'il est possible de faire? Doit-on croire que le traitement général même a reçu toutes les applications dont il est susceptible? qu'il n'y a pas enfin d'autres conditions à remplir pour se rapprocher d'un traitement, sinon tout à fait individuel, du moins, moins général?

Régler la vie extérieure des aliénés, les soumettre tous à une règle uniforme, leur donner des occupations : c'est faire pour eux ce que l'on fait pour les enfants dans les colléges, pour les soldats dans les régiments; c'est donner aux hommes une apparence commune et convenable beaucoup plus que les modifier au fond; c'est supprimer les manifestations beaucoup plus que la cause intérieure de ces manifestations; c'est *monotoniser* les aliénés plutôt que les transformer; c'est effacer l'individualité, au profit d'un type extérieur de convention, mais non la détruire, et souvent, après l'avoir ainsi masquée momentanément, elle reparaît aussitôt que ce niveau commun a cessé de peser sur elle. C'est donc obtenir une modification plus superficielle que profonde, plus apparente que réelle : l'influence existe, elle est même puissante, mais elle est loin d'avoir l'importance qu'on lui accorde.

Il y a néanmoins deux catégories de malades à établir sous ce rapport : 1° les malades chez lesquels les sentiments ou les idées maladives s'entretiennent tellement par les manifestations, que supprimer ces dernières c'est leur enlever leur principal aliment; 2° ceux chez lesquels les tendances et les idées maladives ont par elles-mêmes assez de force pour ne rien perdre de leur énergie, alors même qu'elles sont privées de leurs manifestations. On conçoit dès lors que si, chez les malades de la première classe, les moyens généraux peuvent avoir une grande influence, ils sont tout à fait insuffisants pour ceux de la seconde classe, chez lesquels il faut avoir recours à des moyens plus énergiques.

Un autre inconvénient du mode actuel d'action des asiles, c'est d'être appliqué trop uniformément à toutes les espèces d'aliénés, et de ne pas assez tenir compte des différences essentielles qui les séparent les uns des autres. Si on a placé dans des conditions extérieures un peu différentes les tranquilles et les agités, ces conditions ont été jusqu'ici tout à fait administratives, et aucune idée médicale n'y a présidé.

Tout en proclamant les bienfaits des asiles actuels, sous le rapport du traitement général, nous pensons donc que le moyen de les étendre encore et de faire faire un véritable progrès au traitement de l'aliénation mentale, serait de ne pas s'arrêter à ces principes généraux et de chercher à établir parmi les aliénés des catégories spéciales, et à les placer dans des conditions particulières de localité, de bâtiments, et d'occupations. Alors la construction et l'organisation des asiles d'aliénés, au lieu d'être principalement dirigées par des principes administratifs, seraient uniquement guidées par une pensée médicale : de là naîtrait naturellement la suppression des grands dortoirs, des grands ateliers, des grandes cours, qui ont l'inconvénient grave de mélanger les malades les plus différents ; de là naîtrait aussi un véritable classement médical dans lequel les malades, au lieu d'être séparés comme aujourd'hui, parce qu'ils peuvent se gêner et se nuire mutuellement, seraient réunis d'après l'*action utile qu'ils pourraient exercer les uns sur les autres*. Ce serait alors un véritable traitement mutuel. Au lieu de se borner à rapprocher les corps, comme on le fait aujourd'hui pour éveiller la sociabilité, on rapprocherait réellement les esprits par certains points de contact, qui pourraient déterminer chez les divers malades une réaction favorable. Ce système de classement, qui multiplierait les petits espaces, exigerait sans doute un plus nombreux personnel, et par conséquent serait plus onéreux pour l'administration ; mais comment pourrait-on hésiter entre un si faible accroissement de dépenses et un progrès réel dans le traitement des maladies mentales ?

Nous avons voulu indiquer ici en passant les lacunes qui nous paraissent exister dans l'organisation actuelle des asiles d'aliénés au point de vue du traitement ; nous avons voulu montrer que le traitement était trop général et pas assez en rapport avec les différentes catégories d'aliénés; nous avons dit que l'on se contentait souvent de combattre les manifestations extérieures, au lieu de chercher à atteindre l'état intérieur; que l'on se bornait à séparer les malades, afin qu'ils ne se nuisent pas, au lieu de les réunir dans un but curatif.

Sans doute ce sont là des indications insuffisantes; de plus longs développements seraient nécessaires pour en faire sentir toute la portée, et il faudrait se livrer à des études et à des expériences pratiques sur les malades pour découvrir les moyens de les réaliser; mais j'ai cru qu'il ne serait pas inutile d'indiquer ici ces principes, qui me semblent destinés à faire faire un progrès thérapeutique au milieu médical qu'on appelle un asile d'aliénés.

Pour parvenir à les appliquer, il faudrait les expérimenter empiriquement, comme les médecins ordinaires le font pour les divers agents de la matière médicale. C'est cet empirisme rationnel qui manque encore, comme sanction, à la plupart des moyens moraux employés chez les aliénés; ces moyens semblent le plus souvent être le résultat de simples analogies physiologiques et s'appuyer bien plutôt sur les erreurs, les passions, ou les états divers de l'homme sain d'esprit, que sur des observations pathologiques et sur des expériences vraiment médicales.

BIBLIOGRAPHIE.

COLOMBIER, *Instruction sur la manière de gouverner les insensés;* Paris, 1785.

TENON, mémoires publiés en 1786.

LA ROCHEFOUCAULD-LIANCOURT, Rapport à l'Assemblée constituante, au nom du comité de mendicité; 1791, 1792.

CABANIS, *Quelques principes et quelques vues sur les secours publics*, extr. de différents rapports à la comm. des hospices de Paris; 1791, 1792, 1793.

DACQUIN (Joseph), *Philosophie de la folie*, 1re édition; 1791.

CHIARUGGI, *Della pazzia en generale ed in spezie*; Firenze, 1794.

LANGERMANN, *Diss. inaug. de methodo cognoscendi curandique animi morbos*, etc.; Iena, 24 janv. 1797.

PINEL (Philippe), *Traité médico-philosophique sur l'aliénation mentale;* Paris, 1800.

HASLAM (J.), *Considerations on the moral management of insane persons;* London, 1800.

REIL (Jos.-Christ), *Rhapsodien ueber die Anwendung der psychischen Kurmethode von Geisteszerruttungen;* Halle, 1803.

REIL (Jos.-Christ), *Fieberlehre, vierter Band. Nerven Krankheiten, Zweite Auflage;* Halle, 1805.

FRANK (Joseph), *Reise nach Paris, London*, etc.; Vienne, 1re édition, 1804-1806.

AUTENRIETH (J.-H.-L.), *Versuche für die praktische*, etc.; Tubingen, 1807; Heft 1, seite 199. *Ueber die im Klinikum zu Tubingen getroffenen Einrichtungen für Wahnsininge.*

SCHWEIGGER (Aug.), *Ueber Kranken und Armenanstalten zu Paris, mit Zusœtzen*, von Joh-Gottfried Langermann; Baireuth, 1809.

HALLIDAY (Andrew), *Remarks on the present state of lunatic asylums in Ireland*; London, 1808.

COX (Joseph-Mason), *Praktische Bemerkungen ueber Geisteszerruttung, nebst einem Anhange von Reil*; Halle, 1811.

TUKE (Samuel), *Description of the retreat near York for insane persons of the Society of friends*; York, 1813.

PARKMAN (G.), *Management of lunatics with illustrations of insanity;* Boston, 1817.

FODÉRÉ, *Traité du délire appliqué à la médecine*, etc.; Paris, 1817.

HAYNER (Christoph-Aug.), *Auforderung an Regierungen*, etc., *zur Abstellung einiger schweren Gebrechen in der Behandlung der Irren*; Leipzig, 1817.

BURROWS (George), *Cursory remarks on a bill now in the house of peers for regulating mad houses*, etc.; London, 1817.

HORN (E.), *OEffentliche Rechenschaft ueber meine zwœlfjæhrige Dienstführung als Arzt des Charite-Krankenhauses zu Berlin*; 1818.

HEINROTH (F.-C.-A.), *Lehrbuch der Stœrungen des Seelenlebens*; Leipzig, 1818.

ESQUIROL, *des Établissements d'aliénés en France, et des moyens d'améliorer le sort de ces infortunés* (mémoire présenté au ministre de l'intérieur, septembre 1818).

Article *Maisons d'aliénés* du *Dictionnaire des sciences médicales*; Paris, 1818.

NASSE (F.), *Zeitschrift fur psychische Aertze*; Leipzig, 1818-1826.

GEORGET, *De la folie*; Paris, 1820.

GOERGEN (B.), *Privat-Heilanstalt fur Gemüthskranke*; Wien, 1820.

HOEBERL (Fr.-Xaver), *Abhandlung ueber œffentliche Armen und Krankenpflege*; München, 1820.

BURROWS, *An inquiry into certain errors relative to insanity*; London, 1820.

NEUMANN (Georg.), *Die Krankheiten des Vorstellungs-Vermœgens*; Leipzig, 1822.

JACOBI (Max.), *Sammlungen*, etc.; Elberfeld, 1822.

WILLIS (Frank), *On madness*; London, 1823.

GUALANDI (Domenico), *Osservazioni sopra il celebre stabilimento d'Aversa*; Bologna, 1823.

MULLER (Anton.), *Die Irrenanstalt in dem Julius-Hospitale zu Wurzburg*; Wurtzburg, 1824.

DESPORTES (B.), *Programme d'un hôpital consacré au traitement de l'aliénation mentale, pour cinq cents malades des deux sexes*, proposé au conseil général des hospices, dans la séance du 20 mai 1821; Paris, 1824.

LEUPOLDT (Joh.-Mich.), *Ueber Wohlfeile Irrenanstalten*; Erlangen, 1824.

PIENITZ (M.), *Quædam de nosocomii quo animo ægrotantibus cura adhibetur institutione optima*, dissert. inaug.; Lips., 1825.

GUISLAIN (Joseph), *Traité sur l'aliénation mentale et sur les hospices des aliénés*; Amsterdam, 1826.

NIEMANN (J.-Fr.), *Taschenbuch der Staats Arznei Wissenschaft*; Leipzig, 1828.

KNIGHT (Paul-Slade), *Beobachtungen ueber die Ursachen*, etc., *aus dem Engl.*, von Fr. Engelken; Kœln, 1829.

NOSTITZ und JANCKENDORF, *Beschreibung der Heil und Verpflegungs anstalt Sonnenstein*; Dresden, 1829.

Trompeo, *Essai sur l'asile royal des aliénés de Turin*; Turin, 1829.

Oegg (Joseph), *Die Behandlung der Irren in dem Königl. Julius-Hospitale zu Wurzburg*; Sulzbach, 1829.

Roller (C.-S.-W.), *Die Irrenanstalt nach allen ihren Beziehungen dargestellt*; Karlsruhe, 1831.

Frank (Joseph), *Praxeos medicæ universæ præcepta*; Lips., 1832.

Gross (Herm.), *Die Irrenanstalten als Heilanstalten betrachtet*; 1832.

Loewenhayn (Henri-A.-M.-J.), *Recherches théoretiques et pratiques sur l'établissement des aliénés*; Saint-Pétersbourg, 1833.

Flemming (C.-F.), *Die Irren-Heil-Anstalt Sachsenberg, bei Schwerin, Gross-Herzogthum Mecklembourg*; Schwerin, 1833.

Ferrus (G.), *des Aliénés*; Paris, 1834.

Ducpétiaux (H.), *État des aliénés en Belgique, et propositions pour l'amélioration de leur sort*; 1834.

Jacobi (Max), *Ueber die Anlegung und Einrichtung von Irren Heilanstalten*; Berlin, 1834.

Bird (Fr.), *Ueber Einrichtung und Zweck der Krankenhauser für Geisteskranke*; Berlin, 1835.

Pasquier (R.), *Essai sur la distribution et le mode d'organisation d'un hôpital d'aliénés pour quatre ou cinq cents malades*; Lyon, 1835.

Pinel (Scipion), *Traité complet du régime sanitaire des aliénés*; Paris, 1836.

Brierre de Boismont (A.), *Mémoire pour l'établissement d'un asile d'aliénés*, couronné par la Société des sciences naturelles de Bruxelles; Paris, 1836 (extrait des *Annales d'hygiène*, etc., n° 31, juillet 1836).

Bonacossa (Gio.-Stefano), *Saggio di statistica del regio manicomio di Torino*; Torino, 1837.

Browne (W.-A.-F.), *What asylums were, are, and ought to be*; Edinburgh, 1837.

Schroeder van der Kolk (J.-L.-C.), *Oratio de debita cura infaustam maniacorum sortem emendandi*, etc.; Traj. ad Rhen., 1837.

Daconnet (G.), *Considérations médicales et administratives sur les aliénés*; Châlons-sur-Marne, 1838.

Guislain (J.), *Exposé de l'état des aliénés en Belgique*; 1838.

Roller (C.-F.-W.), *Grundsaetze für Einrichtung neuer Irrenanstalten*, etc.; Karslruhe, 1838.

Jacobi et Nasse, *Zeitschrift fur die Beurtheilung und Heilung Krankhafter Seelenzustaende*; Berlin, 1838.

Jacobi (Max), *Ueber die Einrichtung der Irrenanstalten. Aus dem* XIX *Bande des Encyclopaed. Wörterbuchs*; Berlin, 1838.

ELLIS (W.-C.), *A treatise on the nature*, etc., *of insanity, with practical observations on lunatic asylums*, etc.; London, 1838.

ESQUIROL, *des Maladies mentales considérées sous les rapports médical, hygiénique et médico-légal*, 2 vol; Paris, 1838.

DAMEROW (Heinrich), *Ueber die relative Verbindung der Irren-Heil und Pflege-Anstalten*; Leipzig, 1840.

BONACOSSA (Stefano), *Sullo stato de mentecatti et degli ospedali*, etc.; Torino, 1840.

Rapport de la commission chargée par le ministre de la justice de proposer un plan pour l'amélioration de la condition des aliénés en Belgique; Bruxelles, 1842.

Annales médico-psychologiques, par MM. Baillarger, Cerise, Longet, et Brierre de Boismont; Paris, 1843-1852.

Report of the metropolitan commissioners in lunacy to the Lord Chancellor; London, 1844.

Allgemeine Zeitschrift fur Psychiatrie, etc., von Damerow, Flemming und Roller; Berlin, 1844-1852

RICHARZ (Franz), *Ueber œffentliche Irrenpflege*; Bonn, 1844.

JULIUS (N.-H.), *Beitraege zur Britischen Irrenheilkunde*; Berlin, 1844.

CURCHOD (Henri), *De l'aliénation mentale et des établissements destinés aux aliénés dans la Grande-Bretagne*; Lausanne, 1845.

FALRET (J.-P.), *Visite à l'établissement d'aliénés d'Illenau, près Achern, grand-duché de Bade, et considérations générales sur les asiles d'aliénés*; Paris, 1845.

RAY (J.), in *The American journal of insanity*, april 1846; *Utica*.

CONOLLY, *On the construction and governement of lunatic asylums*; London, 1847.

The journal of psychological medicine, etc., edited by Forbes Winslow; London, 1848-1852.

GIRARD, *De la construction et de la direction des asiles d'aliénés* (*Annales d'hygiène publique et de médecine légale*, 80e numéro; Paris, octobre 1848).

PARCHAPPE (Max.), *des Principes à suivre dans la fondation et la construction des asiles d'aliénés*, trois livraisons; Paris, 1851-1852.

www.ingramcontent.com/pod-product-compliance
Ingram Content Group UK Ltd.
Pitfield, Milton Keynes, MK11 3LW, UK
UKHW022122190726
13855UKWH00003B/1014

9 782012 881945